农村家庭能源消费与能源贫困研究

——以青海省为例

姜 璐 著

东南大学出版社
SOUTHEAST UNIVERSITY PRESS
·南京·

内容提要

本研究以青海省为案例靶区，系统地回顾了家庭能源消费研究的国内外进展，构建了家庭能源消费文献综述分析框架，以家庭能源活动为主要对象，基于实地调研开展其家庭能源消费调查，通过开展农区、牧区、农牧区农户生活能源消费的入户调查，建立区域和家庭尺度的家庭能源消费基础数据库，开展家庭能源消费结构、空间特征、多维效应及优化策略研究，识别青藏高原家庭能源活动和能源贫困情况。为青藏高原地区能源地理研究特别是家庭尺度的能源活动研究补充空白，填补本学科在该地域的薄弱环节，丰富了学科的实证研究体系。

图书在版编目(CIP)数据

农村家庭能源消费与能源贫困研究：以青海省为例／姜璐著.—南京：东南大学出版社，2022.3
　ISBN 978-7-5641-9902-9

Ⅰ.①农… Ⅱ.①姜… Ⅲ.①农村—家庭—能源消费—研究—青海 Ⅳ.①F426.2

中国版本图书馆 CIP 数据核字(2021)第 258700 号

责任编辑：魏晓平　　封面设计：顾晓阳　　责任印制：周荣虎

农村家庭能源消费与能源贫困研究——以青海省为例

著　者：	姜　璐
出版发行：	东南大学出版社
社　址：	南京市四牌楼 2 号　邮编：210096　电话：025-83793330
网　址：	http://www.seupress.com
电子邮箱：	press@seupress.com
经　销：	全国各地新华书店
印　刷：	广东虎彩云印刷有限公司
开　本：	700 mm×1000 mm　1/16
印　张：	11.75
字　数：	220 千字
版　次：	2022 年 3 月第 1 版
印　次：	2022 年 3 月第 1 次印刷
书　号：	ISBN 978-7-5641-9902-9
定　价：	48.00 元

本社图书若有印装质量问题，请直接与营销部联系。电话(传真)：025-83791830

前　言

农村地区能源绿色转型发展,是满足人民美好生活需求的内在要求,是构建现代能源体系的重要组成部分,对巩固拓展脱贫攻坚成果、促进乡村振兴,实现国家和区域碳达峰、碳中和目标和农业农村现代化具有重要意义。家庭能源活动是地理学区域人地关系研究的重要领域,亦是能源地理和能源转型研究的前沿和热点。目前,家庭作为能源需求和碳排放的主要贡献方,面向家庭尺度的精准能源政策成为全球能源转型的重要调控工具。

既有研究表明,家庭能源消费受收入水平、建筑特性、家庭属性、气候环境以及地方文化等多因素差异,因此迫切需要开展多时空条件下家庭能源消费调查,系统揭示区域家庭用能的组成结构和基本模式,探究家庭能源消费空间格局和影响因素,发掘家庭节能的潜力与主要障碍,提升关于家庭能源消费情景的高精度阐释,并为走向区域可持续能源转型决策提供依据。

青藏高原是我国重要的生态屏障,生态环境系统脆弱区和典型的文化多样区,因此,立足青藏高原开展人地关系分析对于促进本区域可持续发展具有重要的地域、科学及实践意义。本研究以青海高原为案例,以家庭能源活动为主要对象,基于实地调研开展其家庭能源消费调查,通过开展农区、牧区和农牧区家庭生活能源消费的入户调查,建立区域和家庭尺度的家庭能源消费基础数据库,开展家庭能源消费结构、空间特征、多维效应及优化策略研究,认识青海高原家庭能源活动和能源贫困(energy poverty,亦可作为能源困境)情况。

通过研究发现:①家庭收入、人口规模、能源可得性及受教育水平是影响家庭能源消费的重要因素,而区域地理环境特征及资源禀赋则决定了家庭能源结构的基本特征,农区、牧区以及农牧交错区家庭能源消费结构存在空间差异,交通用能已经成为家庭能源消费的主要增长点并呈现进一步增长趋势。②青海的能源贫困表现为现代能源短缺而非能源可得性,由于现代能源供给不足,仍有超过50%的人口处于能源贫困,为实现家庭向现代能源转型,应提高现代能源在家庭能源消费中的比例,调整以收入贫困人群为主要对象的能源政策。③相较于低收入家庭,高收入家庭的能源消费种类更丰富,消费量更多。在牧区,家庭能源消费结构转向多种能源组合,煤炭的消费比重增加,在能源用途上,平均每户家庭比农区和农牧交错区需要消费更多的能源满足取暖、炊事和交通的用能需求;在农区,尽管电力是家庭认为最重要的能源,但电力使用在能源消费结构中仅占4%;在农牧交错区,受农业政策和牧业政策的双重影响,家庭能源消费转向以煤炭为主的多种能源组合结构,本区域兼具不同文化,环境意识差异导致家庭能源消费存在差别。④家庭能源消费的环境生态效应具有复合特征。牧区的甲烷(CH_4)排放最大,增温效应明显。二氧化硫(SO_2)是农牧交错区家庭能源消费主要产生的污染物,悬浮颗粒物(TSP)是牧区家庭能源消费产生的最主要污染物。

本专著是在作者完成的兰州大学博士学位论文"青藏高原农村家庭能源消费与能源贫困研究——以青海省为例(2019)"的基础上,在青海师范大学和广东省科学院广州地理研究所工作期间修改后完成的。在此专著出版之际,我对我的博士培养单位兰州大学资源与环境学院和英国伦敦大学学院(UCL)巴特莱特建筑学院及指导老师陈兴鹏教授和米志付副教授表示衷心感谢;同时对博士毕业后的工作单位广东省科学院广州地理研究所及时任所长张虹鸥研究员,以及在职博士后工作站北京师范大学地理科学学部及合作老师史培军教授,表示衷心感谢;感谢目前就职的青海师范大学地理科学学院、青海省人民政府-北京师范大学高原科学与可持续发展研究院-高原能源产业与生态研究中心的各位领导、专家、同仁和同学等对本项研究野外收集数据、资料统计分析等给予的大力帮助和支持；基于本研究撰写的"关于推进青海省农牧民能源可持续转型的研究报告"，获得了青海省人民政府时任常务副省长李杰翔、副省长才让太的重要批示，在此，也对二位领导对本研究的肯定和鼓励表示谢意。最后，由于资料和数据所限，本书不足之处在所难免，敬请读者和同行批评指正。

2022年2月18日于西宁

本研究得到了国家自然科学基金-青年基金项目(批准号：42001130)的支持。

目 录

1 绪论 ··· 1
  1.1 选题背景 ·· 1
    1.1.1 应对气候变化与区域环境治理的共同需求 ··············· 1
    1.1.2 可持续推进生态文明建设的重要需求 ··················· 2
    1.1.3 家庭尺度是能源地理研究精细化的必然趋势 ············ 4
  1.2 研究意义与关键问题 ··· 5
    1.2.1 研究意义 ·· 5
    1.2.2 关键问题 ·· 6
  1.3 研究内容与理论方法 ··· 7
    1.3.1 框架结构 ·· 8
    1.3.2 理论基础 ·· 10
    1.3.3 研究方法 ·· 12
    1.3.4 技术路线 ·· 13

2 国内外研究进展及综述 ··· 15
  2.1 中国家庭能源研究进展及述评 ······························· 15
    2.1.1 研究主题与热点 ······································· 15
    2.1.2 家庭能源消费特征及其趋势 ·························· 18
    2.1.3 家庭能源消费的环境效应 ···························· 22
    2.1.4 家庭能源消费的影响因素 ···························· 24
    2.1.5 中国家庭能源转型政策 ······························· 27
  2.2 国际家庭能源消费研究进展与述评 ························· 29
    2.2.1 家庭能源消费研究热点及其主题 ···················· 29

2.2.2　发达国家家庭能源消费特征及其趋势 ………………… 29
　　2.2.3　家庭能源消费的影响因素 …………………………… 31
　　2.2.4　家庭能源消费的环境效应 …………………………… 34
　2.3　国内外家庭能源消费研究对比及启示 ………………………… 34
　　2.3.1　家庭能源消费特征差异 ……………………………… 35
　　2.3.2　家庭能源消费影响因素差异 ………………………… 36

3　研究区概况和数据采集 ……………………………………………… 39
　3.1　青藏高原区情概述 …………………………………………… 39
　3.2　研究靶区概况及能源地理特征 ……………………………… 41
　　3.2.1　自然地理特征 ………………………………………… 41
　　3.2.2　社会经济特征 ………………………………………… 43
　　3.2.3　自然资源概况 ………………………………………… 47
　　3.2.4　民族文化特征 ………………………………………… 50
　3.3　数据采集过程及处理 ………………………………………… 52
　　3.2.1　数据采集步骤 ………………………………………… 52
　　3.2.2　数据标准化及预处理 ………………………………… 57

4　能源消费结构与能源贫困评估 ……………………………………… 59
　4.1　家庭能源消费结构及影响因素 ……………………………… 59
　　4.1.1　家庭能源消费结构 …………………………………… 59
　　4.1.2　家庭能源用途及其分布 ……………………………… 61
　　4.1.3　非商品能源需求的影响因素 ………………………… 63
　4.2　能源贫困内涵与方法 ………………………………………… 67
　　4.2.1　能源贫困内涵 ………………………………………… 67
　　4.2.2　能源贫困测量方法 …………………………………… 69
　4.3　青海省能源贫困测量 ………………………………………… 70
　　4.3.1　基于现实情景 ………………………………………… 72
　　4.3.2　基于以电取代固体能源的情景 ……………………… 73
　　4.3.3　能源贫困和收入贫困 ………………………………… 74
　4.4　小结 …………………………………………………………… 76

5 家庭能源消费的空间分异特征 …… 77
5.1 牧区家庭能源消费活动特征 …… 78
5.1.1 家庭能源消费结构 …… 80
5.1.2 家庭能源用途量化 …… 82
5.1.3 家庭能源重要性认知分析 …… 83
5.1.4 家庭能源可得性分析 …… 84
5.2 农区家庭能源消费活动特征 …… 85
5.2.1 家庭能源消费结构特征 …… 87
5.2.2 家庭能源用途量化 …… 89
5.2.3 家庭能源重要性认知分析 …… 91
5.2.4 家庭能源可得性分析 …… 92
5.3 农牧交错区家庭能源消费活动特征 …… 92
5.3.1 家庭能源消费结构 …… 94
5.3.2 家庭能源用途量化分析 …… 96
5.3.3 家庭能源重要性认知分析 …… 97
5.3.4 家庭能源可得性分析 …… 98
5.4 家庭用能结构空间比较（交通用能） …… 98
5.4.1 出行交通方式 …… 98
5.4.2 交通用能结构 …… 101
5.4.3 节能政策响应 …… 103
5.5 小结 …… 104

6 家庭能源消费环境效应分析 …… 107
6.1 环境效应机理及排放测算 …… 107
6.2 总体分析 …… 111
6.3 空间对比分析 …… 112
6.4 小结 …… 118

7 典型家庭能源消费物质流建模 …… 119
7.1 牧区典型家庭能源活动建模分析 …… 119
7.2 农区典型家庭能源活动建模分析 …… 123

7.3 农牧交错区典型家庭能源活动建模分析 ………………… 127
7.4 小结 ……………………………………………………… 132

8 家庭能源消费优化策略 …………………………………… 133
8.1 加强政策制定,夯实数据统计 …………………………… 133
8.1.1 分区制定政策 ……………………………………… 133
8.1.2 加强生活能源消费统计工作 ……………………… 134
8.1.3 加强交通部门能源政策制定 ……………………… 135
8.2 优化炉灶设备,改造住宅外墙 …………………………… 135
8.2.1 优化炉灶设备 ……………………………………… 136
8.2.2 改造住宅外墙 ……………………………………… 138
8.3 推广清洁能源,缓解能源贫困 …………………………… 138
8.3.1 扩大太阳能应用方式 ……………………………… 139
8.3.2 提高沼气利用技术 ………………………………… 139
8.3.3 倡导清洁能源消费 ………………………………… 140

9 结论与展望 ………………………………………………… 142
9.1 研究结论 ………………………………………………… 142
9.1.1 青海省家庭能源消费特征及能源贫困评估 ……… 142
9.1.2 牧区家庭能源消费结构特征 ……………………… 143
9.1.3 农区家庭能源消费结构特征 ……………………… 143
9.1.4 农牧交错区家庭能源消费结构特征 ……………… 144
9.1.5 家庭能源消费环境效应空间特征 ………………… 144
9.1.6 家庭能源消费优化策略 …………………………… 145
9.2 创新点 …………………………………………………… 145
9.3 研究不足与展望 ………………………………………… 147

附录 调研实图 …………………………………………………… 148

参考文献 …………………………………………………………… 150

1 绪 论

> 人文地理学通过研究人与自然的关系，研究人们的地理行为和他们的感情，研究关于空间和地方的观念，从而达到对人类世界的理解。
>
> ——段义孚

1.1 选题背景

地理学的全部实践和哲学，都依赖于用以研究各种客体和事件空间分布的概念框架的发展(Harvey，1996)。自18世纪工业革命以来，随着科学技术的快速发展，人类在创造了巨大物质财富的同时也加速了自然资源的消费，并引发了诸如气候变暖、臭氧层破坏、环境污染、湿地退化、物种灭绝、土地荒漠化等各种危机(Costanza，1997)，从而在深层次上影响了人类社会的可持续发展(钱易，2012)。能源是人类社会进步重要的物质支撑之一(IEA，2019)，从人-地关系视角来看，能源活动亦是重要的人-地作用载体和系统组成要素(樊杰，2015)。因此，地理学视角下的能源地理研究，有助于从空间视角建立系统研究框架以揭示能源活动状态、格局及其规律(李小云等，2018)，深入挖掘个体、群体与社会的时空行为(蔡国田等，2006)，从而实现科学与决策服务的关联，并为区域可持续发展提供支撑(傅伯杰，2017)。

1.1.1 应对气候变化与区域环境治理的共同需求

能源作为连接全球气候变化、地方环境治理和区域可持续发展等议题的关键枢纽(Kammen et al.，2016；Sashank et al.，2011)，受到各国政府和世界组织的广泛关注，促进能源转型成为共同致力于面对的核心议题。联合国

《改变我们的世界:2030年可持续发展议程》中明确地将"确保人人获得负担得起的、可靠的、可持续的现代能源"作为目标7列入17项可持续发展目标(UN,2015)。2016年11月,联合国气候变化框架公约成员国签署《巴黎协定》,旨在将气温升幅限制在工业化前水平以上低于2℃之内(UNFCCC,2018),截至2017年,由人类活动导致的全球二氧化碳排放量预计将达410亿t,其中能源二氧化碳排量(energy-related CO_2 emissions)达到325亿t(IEA,2018),占全球二氧化碳排放当量的79.3%。因此,能源系统优化将是影响《巴黎协定》向前推进的重要因素。事实上,《巴黎协定》也是一项能源协定(UNFCCC,2018;薛冰等,2016),在区域环境治理特别是大气污染防治中,能源也扮演着重要的角色(Reid et al.,2010)。例如,来自于煤炭、石油燃料中的二氧化硫排放以及二氧化氮及其次级衍生产品可导致生成酸性沉积物,从而影响到森林、土壤和淡水生态系统(EU,2018)。2013年中国政府发布的《大气污染防治行动计划》将"加快调整能源结构,增加清洁能源供应"列为十条措施之一(中国国务院,2013)。

当前,面向应对气候变化与区域环境治理的能源转型研究及其实践,在空间视角上主要侧重于国家和省市等宏观尺度(蔡国田等,2019),在研究对象上则较为关注水泥(IEA,2019;Bilgen,2014)、电力(Xue et al.,2015)、钢铁(张琦等,2016)等高能耗工业部门以及公共交通等(Ma et al.,2015),对于社会层面的家庭尺度的研究则较为缺乏(姜璐等,2019),对于某些特色地域如青藏高原等的研究更是处于空白状态。但我们必须注意到,作为社会的基本单元,家庭尺度研究已经逐步成为前沿研究热点(Jiang et al.,2019),已经被定义为应对气候变化和促进环境治理的重要载体(Wu et al.,2019;Niu et al.,2019)。因此,以特色典型区域为案例开展家庭尺度的能源地理研究,有助于从空间和对象上补充和完善能源地理研究体系,并在理论和实践上促进和支撑应对气候变化及改善区域环境治理。

1.1.2 可持续推进生态文明建设的重要需求

自改革开放以来,中国经济在取得了举世瞩目的成就的同时,也在资源环境方面付出了沉重代价(Xue et al.,2015)。中国已经成为世界上最大的能源生产国和消费国,形成了全面的能源供给体系、较高的技术装备水平以及不断改善的生活用能条件。然而,在生态文明建设中,中国也面临着巨大的能源需求压力和较强的能源供给制约等挑战(IEA,2019),由能源生产和能源消费导致的环境恶化问题受到持续关注(Knopf & Jiang,2017),能源技术整体落后、能源管理体制僵化等问题依然存在。2017年中国能源消费总量为45亿t标准煤,比2016年增长2.98%(国家统计局,2018),化石能源总消费量为27.1亿t标准油,位列"一带一路"沿线国家首位;但人均消费量仅为0.51t标准油,不足"一带一路"沿线国家人均化石能源消费水平的一半(BP,2017),中国对于化石能源需求增长快速,如2016年中国的石油消费量为6.08亿t标准油,位列"一带一路"沿线国家石油消费量第一;煤炭消费占沿线国家比重的61.93%,远高于第二位(占比11%)的印度;天然气消费位列沿线国家第二(BP,2017)。从能源强度来看,虽然从1990—2015年,中国的能源强度降低68%,说明中国能源利用效率提升明显,远超全球平均速度32%,但2015年中国的能源强度为6.69,高于全球平均值及其所在的中高等收入国家平均值,这意味着中国能源利用效率相对较低。自2000年来,中国政府通过把提高能效作为政策重点,已实现节能2.5亿t标准油,相当于终端能源消费总量的12%,超过2014年德国全年终端消费总量(国家统计局,2018)。

  面对环境污染严重、生态系统退化、资源约束趋紧的严峻形势,中国政府明确提出建设生态文明,以加快形成节约能源资源和保护生态环境的产业结构、增长方式、消费模式。党的十九大报告对生态文明和绿色发展做出了更为深刻的阐述,明确提出"推进能源生产和消费革命,构建清洁低碳、安全高效的能源体系",要"发展清洁能源是改善能源结构、保障能源安全、推进生态文明建设的重要任务",资源节约和环境保护成为国家的基本国策,进一步强调了能源可持续性在生态文明建设中的重要地位。同时,在经济快速发展的四十年中,中国家庭的生活方式经历了巨大的变革。从上世纪60年代以满足家庭基本需求的贫困状态,转变为追求更高的生活品质。城镇居民人均可支配收入从1980年的477元增加到2018年的36 413元,增长了7 534%。城镇化进程加速和以收入为驱动产生的生活方式的改变,将显著增加家庭能源消费。因此,开展能源贫困及能源消费结构研究,响应了国家关于能源战略研究和生态文明建设的本质要求,有利于架接科学研究发现和决策支撑服务的桥梁,并同时实现地理学的"服务国家需求"的重要角色(傅伯杰,2018)。

1.1.3 家庭尺度是能源地理研究精细化的必然趋势

随着发展中国家工业化和城镇化进程的持续加快,除交通、工业、服务业等部门,家庭能源消费已经成为全球能源需求增长主要来源(IEA,2018),家庭能源消费包括满足家庭使用的所有能源,包括用于供暖、制冷、照明、水加热和消费品能源等,但不包括用于交通的能源(IEA,2018)。在全球范围内,家庭能源消费占所有部门能源消费的10%～50%,占全球能源消费的25%～30%(统计局,2018)。美国的家庭能源消费超过总能源需求的25%(EIA,2016),而在一些发展中国家,如中国,家庭能源消费(12.4%)已成为继工业部门(66.6%)以外的第二大能源消费部门(统计局,2018)。家庭能源消费占能源消费总量的比例越来越大。1990—2012年的22年间,家庭能源消费总量从1.58亿t标准煤增加到3.97亿t标准煤(IEA,2013),从2012—2040年,家庭能源消费年平均增长率为1.4%,28年间将增长48%,其中非经合组织国家的家庭能源量年平均增长率为2.1%,经合组织国家为0.6%(BP,2018)。此外,随着中国和印度经济快速增长,其将继续推动全球家庭能源需求增长(BP,2018)。同时,家庭能源消费贡献了全球17%的二氧化碳排放量(IEA,2018),2016年家庭能源消费占欧盟最终能源消费的25.4%,产生了全球23%的温室气体排放。

自2011年以来,中国的家庭能源消费增长速度快于工业部门,2015年中国家庭能源消费总量增加了6.11%,约占中国能源消费总量的11.7%,并在2017年继续增长,约为12.9%,而同期工业部门的能源消费总量下降了1.15%(统计局,2018)。根据德国等可持续能源转型先进国家经验,家庭能源消费在实现能源可持续发展以及应对气候变化等方面发挥着关键作用,德国从2000年开始执行能源转型计划,家庭能源消费总量减少了10%,然而美国的家庭能源总量在过去20年中增加了20%(Sheng et al.,2018),2014年德国单个家庭的能源消费量仅为美国的三分之一,低于法国、英国和西班牙等欧洲其他主要发达国家(Pablo-Romero et al.,2017),但考虑到中国人口密度、能源安全以及环境压力等问题,相较于德国和美国,中国需要采取更加节能的模式实现能源的可持续发展。因此,未来引导家庭居民实现可持续的能源消费方式将是中国能源转型的关键。

1.2 研究意义与关键问题

1.2.1 研究意义

当前,可持续能源转型正面临着由能源供应保障向着更好满足人民群众日益增长的美好生活需求转变,家庭能源消费受收入水平、能源价格、居住地点、建筑环境、家庭特征、气候环境、能源效率、设备类型、能源可得性、能源供应以及能源政策影响(EIA,2016;Zhu et al.,2013;Zheng et al.,2014),但因为地域自然环境及社会文化等差异,各因素对于能源消费的贡献程度存在时空差异(Nakagami et al.,2008)。因此,需要通过揭示家庭用能的基本模式,探究家庭能源消费空间格局和影响因素,发掘家庭节能的潜力与主要障碍,进而提出家庭能源转型的可持续策略(Zhao et al.,2018)。中国地域辽阔,区域环境条件、经济发展、生产方式和生活方式之间存在较大差异,导致家庭能源使用差异性较大,能源可得性、差异性也大(Wu et al.,2017),迫切需要提升关于家庭能源消费情景的高精度阐释,并为走向可持续能源转型决策提供科学支撑。考虑到社会消费中80%的消费行为是由家庭控制和实施的(符国群,2014),以家庭为基本单位比以个体消费者作为基本单位开展分析,更能提供丰富的家庭能源消费信息及能源转型新视角。

青藏高原地区是我国重要的生态屏障,也是生态环境系统脆弱区(姚檀栋等,2016),随着城镇化进程的加剧,人类活动对当地的干扰愈发频繁,生态环境质量呈现局部退化趋势,亟须开展人类活动与生态环境交互胁迫的机理过程及演变区域研究(陈发虎等,2018)。但由于青藏高原高寒缺氧,道路交通不便,同时因为文化多样及语言等因素,使得关于其微观尺度上的人类活动及生态环境相关数据较难获取,从而在一定程度上影响了科学研究及其决策支持需求。然而,诚如第二次青藏高原科考所强调的是,数据获取是青藏高原"人-地"关系与生态环境多尺度的问题发现与时空耦合模式研究的基础(新华社,2017),同时,从学科发展角度来看,更为精细的微观数据是揭示、解释和预测区域"人-地"关系演化的基本条件,并能为大尺度的人类活动与生态环境耦合问题的科学发现及决策支持提供数据支撑(薛冰等,2019)。因此,以青藏高原为靶区开展家庭尺度的能源贫困及消费"结构-效应"研究,一方面可以为进一步了解青藏高原地区人类活动形成数据补充,并为优化"人-地"地域系统进而促进青藏高原可持续发展(习近平,2017)提供些微贡献;另一方面,有利于发挥在地科研优势,为青藏高原地区能源地理研究特别是家庭尺度的能源活动研究补充空白,填补本学科在该地域的薄弱环节,丰富学科的实证研究体系。

1.2.2 关键问题

对"人-地"关系的认知素来是地理学的研究核心(吴传钧,1991;陆大道,2002;傅伯杰,2018),其重要目的就是通过深入探究人类活动、陆地表层系统变化及其与人类社会可持续发展之间的关系(傅伯杰,2014),进而在局地、区域和全球不同尺度的可持续发展决策中发挥重要作用(樊杰,2014;刘毅,2018)。新时期的人-地研究在注重区域-空间性(陆玉麒,2002)的同时,也迫切需要考虑区域自然、经济、社会文化的内在关联关系及其在"人-地"关系基础之上的全息地域分工(吕拉昌等,2002)。由于不同地域系统类型下的社会、经济、环境的多元性和复杂性,基于家庭尺度的"人文-经济"地理研究对于更为精细地了解区域"人-地"关系进而优化"人-地"地域系统具有重要意义。当前,关于家庭尺度的能源地理研究,包含环境效应、驱动机制、影响要素等,已经取得了较为丰硕的进展(Jiang et al.,2018;陈兴鹏等,2019),但在地域特征、数据采集等方面依然存在若干需要攻克的科学难题,不同地理空间尺度下的区域家庭能源结构、时空过程及其驱动机制和效应是当前能源地理研究前沿,也是难点。因此,本研究主要从如下三个关键科学问题,开展研究并期待取得相关科学创新成果。

1. 如何建立科学方法以获取有效且实用的家庭尺度能源地理数据

以往关于家庭尺度的能源活动调研主要基于问卷调查且多采用"自下而上"的方式,因此会存产生较大数据误差等问题。因此,如何通过"自下而上"

与"自上而下"相结合的方式,建立更为简约实用且可重复的数据采集体系以促进研究结论的精准,是本研究拟解决的关键科学问题之一。

2. 如何科学评价青藏高原地区的家庭能源贫困现状及影响因素

能源贫困是世界能源系统的三大挑战之一(Benjamin et al.,2012),是能源消费调查研究的本底信息。由于资源禀赋和气候条件的巨大差异以及跨区域的社会经济背景的多样性,很难用单一贫困线方法来评估。因此,如何建构面向研究区域实际的能源贫困多情景评估方法并开展实证,是本研究拟解决的关键科学问题之二。

3. 如何刻画青藏高原地区家庭能源活动的地域特征及规律

家庭尺度的能源活动过程受到社会经济、地理环境等多维因素影响,对其时空演化过程的无误差刻画是不符合现实和科学实际的,但从另外一个角度来看,采用时间断面的静态刻画与物质流分析的动态刻画相结合方式,依然有利于尽最大可能地精准识别其地域特征并发掘其内在机理和规律。因此,这也是本研究拟解决的关键科学问题之三。

1.3 研究内容与理论方法

针对青藏高原这一具有特殊人文和自然生态环境的区域,通过开展微观尺度家庭能源消费调研,建立家庭能源消费数据库和可视化统计分析方法体系,以期在统计体系上弥补在县级及以下城乡能源统计工作的缺失环节,为能源地理过程认知提供数据和分析支撑,并在实证上进一步精细化揭示青藏高原地区区域人类活动特征效应,为补充完善和发展"人文-经济"地理学下的能源活动研究提供实证案例,为青藏高原地区能源转型及可持续发展提供有力的科学支撑。在调研过程中,以青海省为主要靶区,通过开展农区、牧区、农牧交错区农户生活能源消费的入户调查,建立区域和家庭尺度的家庭能源消费基础数据库,开展农户家庭传统能源(非商品能源)、商品能源、清洁能源(以太阳能与沼气为主)分析,评估能源贫困程度,并借助计量模型,识别影响农户使用非商品能源的影响因素。

1.3.1 框架结构

本文包含9章,其中第1章和第9章分别为绪论及结论与展望。第2章至第8章为论文主体,总体上可分成三个部分,分别为文献综述和数据采集说明(第2章、第3章)、分析与评估(第4章至第7章)以及优化建议(第8章),各章主要内容概述如图1-1。

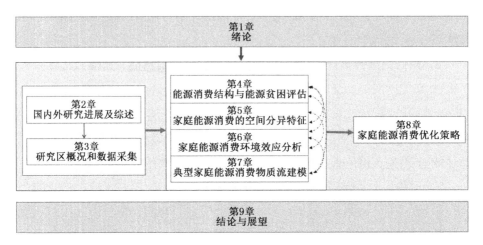

图1-1 本文章节结构示意图

第1章,绪论。主要包含选题背景、研究意义与关键问题以及研究内容与理论方法这三节。首先从应对气候变化、能源安全、能源可持续性等视角阐述了开展家庭能源消费研究的宏观背景、研究意义,提出了本研究的三个关键问题导向,最后对研究框架结构、研究方法及技术路线进行了阐述。

第2章,国内外研究进展及综述。构建了家庭能源消费文献综述分析框架,基于CiteSpace等文献计量分析法和比较分析,深度总结国内外家庭能源消费研究主题、主要特征及影响因素等,揭示中外家庭能源消费的行为过程及其驱动力,充分论证了本研究的相关科学问题及创新尝试,为问卷设计、实地调研和后续深度分析提供了基础支撑和指引。

第3章,研究区概况和数据采集。基于自然地理特征、社会经济特征、自然资源概况以及民族文化特征,介绍了研究区概况;描述了从整理统计数据、形成问卷,确定样本、抽样方法,开展调研、深度访谈以及问卷数量统计的数据采集的详细步骤,构建了基于青海省的家庭能源消费活动基础数据库,并明确了能源换算方法。

第4章,能源消费结构与能源贫困评估。主要从宏观尺度分析调研区域内的家庭能源消费结构、能源用途与分布,进而采用Tobit计量模型,重点分析了非商品能源消费的主要影响因素,并在此基础上结合区域实际,创新提出了能源贫困评估方法,开展了能源贫困测量及情景分析。

第5章,家庭能源消费的空间分异特征。从农区、牧区和农牧交错区等3个主要空间视角,开展家庭能源消费结构、用途量化、能源重要性和可得性认知分析,随后对目前的家庭交通用能分析这一空白领域进行专门分析,系统阐明和揭示了青海农区、牧区和农牧交错区这三个典型区域的家庭能源消费时空规律。

第6章,家庭能源消费环境效应分析。基于协同效应分析视角,定量计算研究区家庭能源消费产生的温室气体和污染物排量,分析了家庭能源消费的环境效应,并从空间格局上进行污染物排放总量对比,分析空间分异的原因和机理。

第7章,典型家庭能源消费物质流建模。基于物质流分析方法并运用e! sankey软件,建立9种典型家庭的能源流模型,准确辨识家庭能源"收集-消费-排放"过程的关键行为,为精准了解家庭能源行为做出了贡献。

第8章,家庭能源消费优化策略。在文献综述基础上,结合实地调研、考察及本研究分析论证结果,提出在家庭层面推广清洁能源、优化炉灶设备、改造住宅外围、倡导绿色消费、加强能源政策制订以及夯实县级家庭能源消费统计等优化策略,以期为青藏高原地区家庭能源消费研究及"人-地"系统优化调控提供决策建议。

第9章,结论与展望。主要从家庭能源消费特征及影响因素概述,农区、牧区及农牧交错区的家庭能源消费结构特征,家庭能源消费的环境效应及空间特征,家庭能源消费优化策略等方面对本研究进行了总结,从基础数据库构建、能源贫困评估、家庭消费特征时空分析以及家庭交通用能等方面,概括提出了本研究的主要创新点,最后从问卷设计和环境效应分析精度等方面阐述了本研究的不足,并为未来家庭能源研究提出了目标和方向。

1.3.2 理论基础

1."人-地"地域系统相关理论

对"人-地"关系的认知素来是地理学的研究核心(吴传钧,1991;陆大道,2002)。近现代以来,"人-地"关系理论先后经历地理环境决定论、或然论、适应论等观点,随后在20世纪90年代后逐渐走向协调论(NSF,2019;方创琳,2004),涵盖了"环境-社会"、环境、"人类-社会"等动态领域(方创琳,2004;NSC,2011),在研究方法与技术上逐步趋向于综合性与定量化表达(Carter et al.,2014;傅伯杰,2014;Liu et al.,2007),在局地、区域和全球不同尺度的可持续发展决策中发挥重要作用(刘毅,2018;傅伯杰,2017)。针对快速发展过程中出现的"经济-社会-生态"系统复合问题及其决策关联,中国"人-地"关系研究产生了以胡焕庸线(陆大道等,2016)等为代表的诸多重大成果,在走向决策的过程中持续发挥科学作用(傅伯杰等,2015)。"人-地"关系演化机制形成于人类社会和地理环境两个子系统之间的物质循环、能量转化及其信息交互反馈过程(薛冰等,2019),系统中某一(或组)要素的发生变化可能引起其他要素乃至整个系统的变化(刘毅,2018),且在空间和时间两个方面都具有渗透、改变和转移的性质(Liu et al.,2007;薛冰等,2019)。吴传钧先生强调指出,地理过程和格局研究是揭示"人-地"地域系统成因机理和演变规律的核心内容(樊杰,2008),地理学视角下的"人-地"研究,其独有特色即是以地域为单元(吴传钧,1998),并因社会发展而不断地赋予"人-地"关系新的时代内涵(李小云等,2018)。本研究以青藏高原地区为主要地域单元,以人类活动类型中的家庭能源活动为主要对象,开展地域特征及其时空规律研究。因此,"人-地"地域系统相关理论构成了本研究的首要理论基础。

2."能源-环境-经济"分析相关理论

新古典经济理论认为,能源是劳动力和生产资本投入的重要因素(Cleveland et al.,1979;Solow,1956)。随着技术的进步,能源促使机械替代人类劳作,成为经济增长的关键驱动因素,而能源安全和可得性是全球政治议题的重要话题(Xue et al.,2019)。同时,能源消费作为一种现代社会基本需求,也是空气污染和全球气候变化的主要原因。为应对能源安全和解决环境污染问题,能源政策应更多倾向能源供应领域,如经济结构变化、技术改进以及监督管理等(Casler,2013;Garbaccio et al.,1999;Howarth et al.,1996)。目前,以需求为导向的能源政策日益受到学者和政府的关注,约翰内斯堡可持续发展宣言指出"从根本上改变社会的生产和消费方式对于实现全球可持续发展不可或缺"(UN,2019)。化石能源消费亦是空气污染的主要来源,是环境效应的重要评估指标之一。Smil 指出,随着能效的提升,能源强度在工业化早期呈上升趋势,达到峰值后下降(Smil,2005)。但诸多实证研究表明,发达国家和发展中国家的家庭能源消费不适合用环境库兹涅茨曲线解释。例如,尽管家用电器和照明的能效显著提高,但欧盟国家家庭的用电量在过去十年间每年增长 2%。处于转型期国家的家庭能源需求增长更快(De Almeida et al.,2012),在韩国,家庭能源需求在 20 世纪 80 年代平均每年增长 8.4%,在 90 年代平均增长 7.2%(Park et al.,2007)。Tester 等发现,1992—2002 年间,城镇化和生活方式的改变导致中国二氧化碳排放增长(Tester et al.,2002),而技术进步和能效提升仅部分抵消了能源消费增长带来的碳排放,生产过程和最终用途的能效改进无法抵消发达国家和发展中国家快速增长的能源需求。

3. 可持续消费与生产相关理论

1994 年,挪威奥斯陆"可持续消费研讨会"将可持续消费定义为"提供满足基本需求和提高生活质量的商品和服务,同时尽量减少自然资源和有毒材料的使用,使产品或服务的生命周期中所产生的废物和污染物最少,从而不危及后代的需求"。可持续消费理论是一个特定时空和具体问题的概念,此外,它还是个动态概念,仅指出所需要和要求改变的方向(OECD,2002)。总体而言,可持续消费是一个需要协商谈判和建立共识的长期过程。了解消费者的决策过程,是研究形成可持续消费行为的关键。消费者决策是个复杂的过程,受不同因素影响,包括自身利益驱动(如价格、收入和生活方式)以及社会和经济驱动(如文化、政策和地理位置)(Moisander,2007)。经济研究模型以消费者偏好形成为基础,研究不同商品和服务的消费如何在总消费中相互作用。同时消费模型系统将消费视为一种积极的社会过程,而不仅仅是个体行为的总和(Chappells et al.,2005)。消费过程与生产和分配系统(如技术和基础设施)相关联,从而建立特定的生活方式。

1.3.3 研究方法

家庭能源消费活动作为区域典型活动形式之一,对其认知需求和表征能力既要实现关于"是什么(what)"和"在哪里(where)"的现象描述与解释的地域认知,也要关注"为什么(why)"和"是怎样(how)"的时空变化过程认知(薛冰,2019)。因此,本研究侧重于面向人-地系统可持续性评估综合方法,坚持学科交叉与综合性研究方向,以人文-经济地理为根本,引入和拓展了社会学、生态学、计算科学等在家庭能源活动地域特征分析中的应用,以增强关于家庭尺度能源活动在地域上和空间上的综合性、集成性和复杂性认识。在研究方法上,主要包含几个方面:

1. 跨学科分析法(trans-disciplinary approach)

跨学科分析法旨在解决传统学科之间的界限,并围绕现实世界问题或主题背景下的意义建构组织和学习(Marques,2019),并被应用于环境科学、可持续发展、循环经济以及交通政策等领域(Sauvé et al.,2016;Korb et al.,2015)。从地理学视角而言,跨学科分析的主要表现形式即为综合性。例如,地理学综合研究思想指出,为了协调人-地关系,需要有经济学、心理学、社会学等自然与社会经济方面的跨学科研究(傅伯杰,2017),这也正如黄秉维先生所指出的,"没有综合性地理研究,地理学便失去其存在依据"(黄秉维,1996)。家庭能源消费行为受地理环境、经济发展、社会文化等综合要素交叉影响。因此,本研究采用了跨学科理论综合演绎的研究方法,并将其置于综合理论之中,以探寻新的科学规律和科学发现。

2. 实地调研法(field work)

实地调研是地理学研究的最基本方法,也是地理学形成、发展和走向成熟的关键基础。作为探索人类活动地域空间组织与人-地关系的人文地理学,其研究更离不开实地调研,同时,包含问卷调查在内的实地调研是人文地理学微观研究的重要工具(湛东升等,2016),并在时空行为等领域得到系统应用(柴彦威等,2013;兰宗敏等,2010;Zhao et al.,2019)。对于本研究而言,开展家庭尺度的微观能源消费研究,需要突破统计数据的局限性,获取一手数据。因此,本研究通过问卷调查、半结构式访谈以及实地观察法,开展青海农区、牧区和农牧交错区家庭微观尺度能源消费入户调查,获得了文字和声像表达的质性数据,建立家庭能源消费数据库,弥补了县级及以下城乡能源统计工作的缺失环节,为能源地理过程认知提供数据和分析支撑。在本论文第三章中,对实地调研过程及相关内容进行了详细陈述。

3. 定量与定性分析结合法(mixed methods of qualitative and quantitative)

定性和定量研究是科学研究中首先必须面对的两个研究取向问题(陈向明,2006),定性研究方法(或"质的研究",qualitative research)主要发源自社会学、心理学、民俗学等学科,主要依赖于研究者个人主观经验和理论思辨(Farrugia, 2019; Sale & Thielke, 2018; Smith, 2017);而定量研究(或量的研究,quantitative research)则主要侧重于事物的量化表现上,如将复杂流动的社会现象予以数量化并进行直观的可视化呈现(Wang et al., 2018; Holguín-Veras, 2017)。对于本研究而言,基于文献回顾,我们发现家庭能源活动受到地理环境、人文环境等多种因素影响,并在量化表征与定性描述上具有不同的侧重(Jiang et al., 2019)。因此,本研究采用定性归纳和定量计算结合方法(具体方法见各章节相关介绍),以发挥综合战略作用,力图实现对家庭能源消费"质"和"量"的确定。通过地图语言对地理环境的性质、结构、空间分布以及时间演化进行直观定性描述,通过文字语言对研究区域自然、人文、社会特征和家庭能源消费特征、消费行为展开了解释定性分析;同时,基于复杂的多变量的空间系统建立家庭能源消费数据库,利用定量分析对能源贫困率、家庭能源用途量化、温室气体以及大气污染物排放等开展定量计算,并运用计量模型对家庭非商品能源消费影响因素开展分析。

1.3.4 技术路线

在研究整体路线上,主要围绕青藏高原地区家庭尺度能源贫困及能源消费地域特征这一核心主题,针对关键科学难题,采用自上而下系统分析研究问题和自下而上综合设计研究方法相结合的策略,以青海省为靶区开展青藏高原家庭尺度能源贫困及能源消费地域特征研究,进而推动理论归纳及实证区域的政策建议,总体技术路线如图1-2所示。

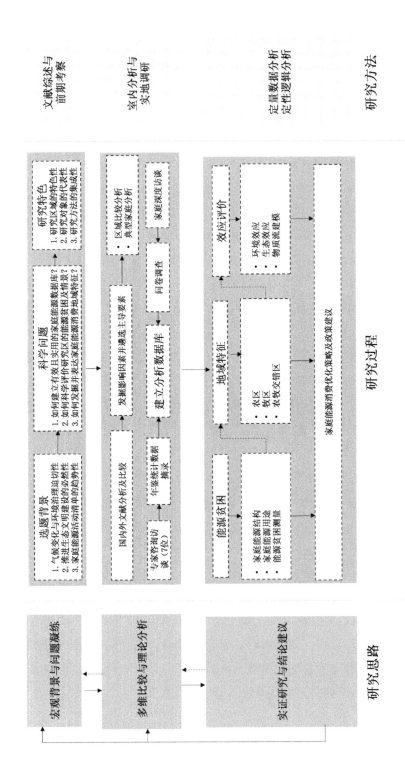

图 1-2 技术路线图

2 国内外研究进展及综述

自20世纪70年代以来,特别是1973年和1979年2次世界性石油危机后,能源政策对能源消费的影响日益凸显(Mashhoodi,2018)。能源消费的持续增长导致全球能源资源约束和生态环境不断恶化,而家庭能源消费在能源消费总量中所占的比例较高(Swan et al.,2009;EU Eurostat,2018),家庭作为社会经济组成的最基本单元,在减少能耗和应对气候变化方面发挥着越来越重要的作用(Reid et al.,2010)。本章从文献综述视角,基于国内外学者的研究成果,构建了关于家庭能源消费的分析框架,进而通过文献计量分析法,总结出中国和发达国家家庭能源消费的特征和影响因素,并开展差异化对比分析。

2.1 中国家庭能源研究进展及述评

2.1.1 研究主题与热点

文献计量分析的主要目的是揭示研究热点和发展趋势,其中工具之一即为CiteSpace,其基本原理是在图谱中凸显发现的关键点(Chen,2006),如关键期刊和文献中关键词群之间的联系(Ouyang et al.,2018)。本研究以CiteSpace作为分析文献工具,以家庭能源消费为研究主题,开展家庭能源消费研究热点及主题分析。文献数据主要来源于Web of Science(以下简称WoS)引文索引数据库中的期刊论文和CNKI数据库的论文。在WoS数据库以"household energy(家庭能源)"、"residential energy(生活能源)"和"China(中国)"为主题,以2000—2018年为时间区间,搜索获得论文资料648

篇；通过以"家庭能源消费"为搜索关键词，在 CNKI 数据库共获得期刊和硕士博士论文资料 4 231 条，经过筛选得到 3 743 条可分析文献内容，在分析过程中设置了较高的阈值，通过 CiteSpace 进行关键词共现分析，发现"可再生能源"关键词的节点最大，出现的频次最多，高达到 172 次，并且在近 10 年的家庭能源消费相关研究中均有出现，该节点具有较高的中介中心性，说明其具有较高的影响力，其余的关键词出现频次从高到低依次为：节约能源、节能减排、影响因素、能源消费、碳排放、能源结构等，这些关键词也具有较强的中介中心性，均为中国家庭能源消费研究领域的热点主题。

文献可视化计量分析结果显示，近 10 年来，国内学者开展了大量的中国家庭能源消费相关研究，主要从家庭能源消费数量（Wang et al.，2002；Zheng et al.，2017）、家庭能源消费城乡差异（Zhang et al.，2014；Du et al.，2015）、家庭能源影响因素及政策响应（Sun et al.，2014；Tian et al.，2016）、家庭能源碳排放和环境效应（Shan et al.，2015；Niu et al.，2014）以及能源可得性和生计方式（Zhao et al.，2018；Chen et al.，2018）等角度开展。例如，1996 年初，Wang 和 Feng 对 6 个不同地区的农户进行了调查，结果表明，每户家庭的能源消费为 700～1 200 kgce（千克标准煤），其中 40%～60%的能源用于炊事，60%～90%的家庭以生物质能源为主（Wang et al.，1996）。2002 年，Wang 以江苏省射阳县的 12 个村 384 户家庭作为样本，发现每户能源消费约 970 kgce（人均 294 kgce，家庭人数 3.3 人），其中秸秆占 56.50%，煤炭占 9.90%、电力占 10.90%、柴火占 14.40%、沼气占 2.40%、液化石油气占 5.90%、煤油占 0.02%（Wang et al.，2002）。郑新业等对中国 26 个省份的 1 450 户家庭进行了家庭能源消费调查，2012 年的调查结果显示，当年中国家庭能源消费量为 1 426 kgce，城乡能源消费存在巨大差异（Zheng et al.，2014）；Zhao 等开展了家庭能源消费与生计关系研究，调查了青藏高原东部的 230 户家庭，发现提高家庭收入水平、教育水平以及增加商品能源供给将有助减少农民使用生物质能源比例和增加商品能源消费比重（Zhao et al.，2018）；Chen 等对四川省 556 户家庭调查发现，家庭决策者特征、家庭人口结构、收入水平、耕地面积和家庭地理位置都是影响家庭能源消费的关键因素（Chen et al.，2018）。

也有学者从不同尺度上讨论了家庭能源消费及其影响因素。例如，在研究尺度上,目前主要集中在中国的北部和西北部,特别是少数民族地区,而对东北和华南地区的关注较少。省级研究主要涵盖了内蒙古(周曙光等,2009;Chen et al.,2018),甘肃省(Niu et al.,2014;Li et al.,2009;赵雪雁等,2013),西藏(Liu et al.,2008;Feng et al.,2009)和云南省(吴燕红等,2008;梁育填等,2012;Yang et al.,2017),广西壮族自治区和海南省是目前研究空白区域。从数量来看,区、县级尺度最多,省级次之,市级尺度略少。从聚集度来看,省级和市级尺度的研究区域较集中,县级尺度相对分散。且大部分区域研究对象主要集中在农村地区,且有超过90%的市、县级行政区域仍然处于相对空白阶段。总体而言,缺乏对全国家庭能源消费整体特征的系统性描述和分析。

表2-1 家庭能源消费研究尺度的主要空间分布

研究尺度	主要区域
省(自治区)	江苏、吉林、甘肃、云南、内蒙古、新疆、河北、湖南、山西、贵州、浙江、陕西、福建、青海、安徽、江西、辽宁、黑龙江、西藏、北京、天津
市(州)	重庆宣威、云南昭通、宁夏六盘山、云南相关少数民族自治州、山西太原、黄土高原西部城市(庆阳、平凉等)、河南开封、江苏徐州、辽宁大连、四川凉山、云南怒江等
县(区)及以下	桓台、涟水、贵池、锡山、灵武、庐山、滇西北(玉龙、剑川等)、香格里拉、郯城、舒兰县、景县、渭源、新密、云梦、橦南、金湖、上杭、临渭、盘县等

根据全国省市人均家庭能源消费统计数据(西藏和台湾数据缺失),分析2004—2014年人均生活能源消费量时空格局,发现具有显著的南北分界特点,位于秦岭——淮河以北省(市)的人均能源消费量明显高于以南的省(市),显示地理环境要素(如取暖)起到了最基本的主导作用。

目前,在中国家庭能源消费调查方面,覆盖范围较广的主要是由中国人民大学开展的中国家庭能源消费调查(CRCES)项目,其通过开展三轮调查,覆盖了中国省级行政区域中的一部分,其中包含2012—2013年调查覆盖26个省级行政区域的1 450户,2014年调查了12个省级行政区域的3 404户家庭(Zheng et al.,2014),但与美国家庭能源消费调查相比,在样本数据的时空覆盖上,依然存在较大差距。美国自1978年至今已开展14次调查,收集了1.182亿家庭能源信息,选取了5.6万户家庭数据作为样本分析(EIA-

RECS，2015）。在对文献进行初步分析基础上，建立文献综述的分析框架（图2-1），并从特征与驱动力两个方面，开展能源结构、城乡差异、内外因素等具体分析与评述。

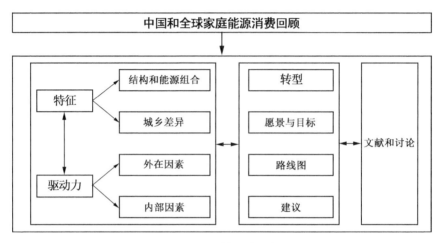

图 2-1　文献综述分析框架

2.1.2　家庭能源消费特征及其趋势

中国家庭能源消费结构存在显著的南北差异。主要分界线为秦岭—淮河线，2014年南方地区家庭能源消费量（不含交通）为年均 888 kgce，北方地区家庭能源消费量为年均 1 616 kgce，北方地区家庭能源消费量是南方地区的1.82倍。在消费用途上，北方地区的能源消费以取暖为主，南方地区则以炊事为主（郑新业等，2016），这主要由于北方冬天漫长寒冷，用于取暖的能源消费量显著高于南方（Chen et al.，2015）。2001—2015 年，中国北方城镇集中取暖能耗以年均6.9%的增速持续增长；农村取暖用能也有明显增长，在单个家庭用能总量中的平均占比从 2001 年的 31% 上升至 2015 年的 60% 以上（能效经济委员会，2017）。在能源类型上，南方地区生物质能源使用量相对较高，而山西、内蒙古、宁夏、河北等位于北方的省份因煤炭资源丰富，其煤炭消费比例高达 10.75%，几乎是南方地区的 10 倍。同时，在同一行政区范围内，能源消费结构也存在明显的差异，如甘肃省，其天水市家庭能源消费以煤炭为主（占比 50% 以上），而甘南藏族自治州农牧家庭的生物质能中畜粪的消费占比高达65%以上(赵雪雁等,2013)。

中国家庭能源消费总量急剧上升。中国家庭能源消费从2000年的16 700万吨标准煤增加到2015年的50亿吨标准煤(国家统计局,2018),15年间的年均增长率为7.6%。家庭煤炭消费量年均下降5.88%,从79万吨减少到28万吨。在全球范围内,由于煤炭燃烧对空气质量和健康产生负面影响,政府增加了电力供应,制定政策鼓励使用清洁能源替代煤炭作为炊事燃料。因此,煤炭消费量出现了下降趋势(DECC,2018)。中国家庭的天然气和电力消费量的年均增长率分别为17.51%和11.6%,其次是热力(9.75%)和LPG(液化石油气7.53%),家庭使用天然气数量从2000年的126亿m^3增加到2008年的184亿m^3(国家统计局,2018)。在中国家庭能源消费总量空间分布方面,根据2015年统计数据,中国省级行政区(西藏、台湾数据缺失)的家庭能源消费总量中,广东省家庭能源消费总量最多,是唯一超过4 000万吨标准煤的省份,其次是河北为3 391万吨标准煤,宁夏的家庭能源消费总量最少。

生物质能源作为主要能源在农村家庭被广泛以传统方式使用。2000年生物质能源占中国一次能源消费总量的13%,在一些农村地区甚至更高,约为22%(Li et al.,2001),中国家庭能源消费调查(CRECS)研究表明,2014年中国家庭能源结构中,生物质能源占27.2%,平均每户家庭消费295.11 kg(郑新业等,2016)。在农村地区,Wang和Feng的早期研究表明,1987—1991年,生物质能源占中国农村家庭总能源的60%～90%(Wang et al.,1996)。Zhang等调查发现,2012年浙江省、山西省和贵州省的生物能源消费量占农村地区能源消费总量的18%(Zhang et al.,2014)。中国生物质能源存量约为50亿吨标准煤,是所有能源的4倍,然而目前仅使用了生物质能源储量的5%(Qin et al.,2018)。生物质能源大都用于传统炉灶,因此需要考虑可持续生物能源使用策略,尤其在青海省、甘肃省等中国西北部省份(Zhong et al.,2018)。

中国家庭能源消费总量增长潜力较大。中国家庭能源总消费量从1980年的0.9亿吨标准煤增加到2014年的2.88亿吨标准煤,年均增长3.48%,但每种能源占比存在差异。例如,煤炭消费量从1980—2014年,年平均减少率为0.67%,但其占比从1980年的91.8%急剧下降至2014年的17.0%,而同期,电力消费量从 10.52 TWh 增加到 717.6 TWh,平均年减少率为13.65%,占比从 1980 年的 1.4% 迅速增加到 2014 年的 22.7%(Ceglbnl,2018)。在城市化推动下,预计到2040 年中国和其他发展中国家的家庭能源需求增长将占全球的三分之二(IEA,2018)。尽管现在中国家庭的平均能源消费量比其他国家低得多,中国仅为 1 087 kgce(2014 年),美国为 3 038 kgce(2012 年),英国为 2 113 kgce(2012 年),德国为 2 192 kgce(2012 年)以及爱沙尼亚为 3 170 kgce(2012 年)(Zheng et al.,2017),然而,在新型城镇化和乡村振兴双轮驱动背景下,家庭能源消费总量有着巨大增长潜力。

中国家庭能源消费存在显著的城乡差异。实际上,城乡差异和地区差距是中国长期存在的问题(Wu et al.,2018),已有学者从不同角度对能源贫困和收入差距等一系列课题开展了大量研究(Jain-Chandra et al.,2018)。"电力获取"是衡量可持续发展的关键指标之一,"电力获取"是指在特定地区拥有稳定电力供应的人口百分比(IEA,2018)。目前,全世界约有 12 亿人无法获得家庭用电(World Bank,2018),其中约 95% 位于非洲和亚洲,约 84% 居住在农村的家庭无法获取电力(IEA,2018)。从全球来看,中国城乡"电力供应"差距优于其他发展中国家。例如,根据世界银行关于"人人享有可持续能源"主题的数据(World Bank,2018),1990 年农村"电力供应"率方面,中国为 89.7%,巴西为 55.4%,印度为 29.7%,南非为 35.1% 和孟加拉国为 4.0%;城镇"电力供应"率方面,中国为 99.3%,巴西为 97.5%,印度为 82.8%,南非为 59.3% 和孟加拉国为 8.5%。同期美国、英国和德国农村和城市"电力供应"率均为 100%。2008 年,中国城镇的"电力供应"率达到 100%,2013 年,中国农村达到 100%。

从中国人均能耗来看,1980 年中国农村人均能耗约为 60 kgce,城市人均能耗为 332 kgce,是农村地区的 5.5 倍;2016 年中国农村人均消费增加到 390 kgce,但城市人均消费量几乎稳定在 395 kgce,仅比农村地区高 1%(图2-2,国家统计局,2017)。除 1996—1999 年出现短期下降,中国农村居民人均能源消费总体呈增长趋势,年均增长率为 5.34%。中国家庭能源调查显示,2012 年中国家庭能源消费量为 1 426 kgce,城市家庭的平均消费量为 1 503 kgce,人均消费量为 651 kgce;农村家庭平均消费量为 1 097 kgce,人均消费量为 445 kgce(Zheng et al.,2014),与国家统计局数据得出了截然不同的结论。

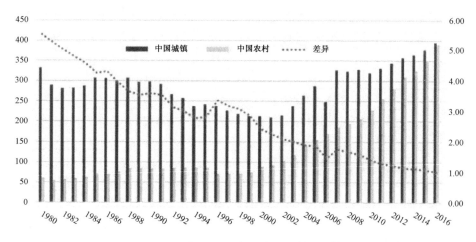

图 2-2 中国城乡居民人均能源消费①

中国农村人口占总人口的 45.2%,40 年间人均 GDP 增长率超过 7%(国家统计局,2018),农村家庭能源消费模式在能源数量、结构和终端需求等方面都经历了变革。农村家庭能源主要来自生物质能源,在甘肃和云南的一些少数民族地区,农村居民仍然使用薪柴等传统生物质能源作为主要能源。在这些地区,煤炭和电力等商业能源不被用作替代能源(Yang et al.,2014)。云南东北部农村地区的家庭能源主要是薪柴,占能源需求的 90%。太阳能、沼气和水力发电等可再生能源的消费仅占 5%(吴燕红等,2008)。西藏农牧民的生产用能以畜粪、薪柴等传统生物质能源为主(刘刚,2007)。尽管中国农村的家庭能源消费正从传统生物质能源向现代商品能源(Yao et al.,2012)和可再生能源的能源转型(Zhang et al.,2009),但传统的生物质能源将继续主导农村地区的能源消费(Wu et al.,2019)。

城市家庭能源主要以煤炭、液化石油气和电力为主。煤炭长期以来一直是主要的能源类型,但其比例正在下降;天然气消费量正在快速增长,液化石油气和电力的消费量也在增加。根据 2015 年在中国内地省级行政区进行的调查研究表明,除电力外,56% 的城市家庭使用天然气,19% 的家庭使用煤气,17% 的家庭使用液化石油气。此外,大约 20% 的城市家庭中电力已成为

---

① 数据来源:中国能源统计年鉴 2017

主要能源（Hu et al.，2017），为实现可持续发展，应缩小城乡差距，建立城乡一体化的能源体系（Zheng et al.，2014）。

表2-2　家庭能源消费结构的城乡差异

	能源来源及占比等	代表区域	参考文献
城镇地区	煤炭37.23%、天然气25.44%、电力22.92%	黄土高原西部	张馨，2012
农村地区	柴薪/秸秆42.89%、电力18.56%、热力11.97%、煤炭9.37%	黄土高原西部、宁夏、四川、云南	娄博杰，2008 吴燕红，2008 张馨，2012

2.1.3　家庭能源消费的环境效应

家庭能源消费与环境质量和温室气体排放紧密关联，传统能源的粗放式使用对环境和生态产生巨大破坏。由此引发的家庭能源消费的研究，更多关注如何走可持续的能源消费路径，建立一种在经济发展、能源消费和生态环境三者之间的良性、稳定、平衡的能源体系。能源消费带来的环境问题在宏观层面表现为气候变化、大气污染等问题；中观层面表现为植被破坏、物质循环阻断；微观层面表现为室内空气污染、人体健康等问题（Chun-sheng et al.，2012）（表2-3）。

表2-3　家庭能源消费的环境影响

	影响后果	产生原因	文献
直接影响	水土流失、荒漠化	薪柴砍伐、秸秆燃烧	闫丽珍等，2005 郑佳佳等，2015 魏巍贤等，2015 Ezzati M et al.，2002 赵雪雁等，2015
	温室气体排放	化石能源消费	
	雾霾、室内空气污染（呼吸道疾病）	煤炭消费 不清洁能源燃烧	
间接影响	降低可持续生计	植被破坏 （柴薪砍伐）	赵雪雁等，2015

在宏观环境效应层面，目前中国家庭能源的开发利用仍处于中低级阶段，生产工艺相对落后。其中，秸秆能源的利用导致归田作物减少，土壤肥力下降，加剧水土流失（刘刚，2007）。农户使用薪柴、草皮等造成对植被的破坏，在云南省香格里拉县小中甸镇团结村，每年约要砍伐破坏150 hm^2 林地

以满足农户生活对薪柴的需求(吴燕红等,2008)。在西藏,2004年生物质能源消费合计为141万吨标准煤,约有1/3的牛粪和秸秆被当做燃料,由此损失大量养分,从而破坏西藏生态系统的物质循环(蔡国田等,2006)。城镇居民常用的电力,从使用上看是清洁能源,但其生产并不清洁。我国70%的电力来自煤炭发电,而煤炭发电机组本身效率仅有30%～40%,加之长距离输送,降低了最终效率(郑新业等,2017),因此电能从开发到运输本身也会产生污染。

全球气候变化与资源环境问题对人类可持续发展带来巨大冲击(薛冰等,2012),降低碳排放、减缓气候变化进程是当今全球面临的共同课题。随着全球气候变暖加剧,学者纷纷将焦点转向节能减排和室内污染研究。从微观层面看,家庭使用固体燃料(煤炭、生物质能源)导致的温室气体和大气污染物排放,如碳氧化物(CO、CO_2)、氮氧化物(NO_x)、颗粒物(PM)、二氧化硫(SO_2)以及挥发性有机化合物(VOCs),不仅是区域大气污染的主要来源,也是直接造成农、牧民室内空气污染的重要原因,且其污染程度远高于不使用固体燃料的家庭(Abu-Madi et al.,2013)。因此,开展家庭能源消费的室内污染物研究,有利于制定更为优化的大气政策,并促进家庭室内空气质量改善,保障人体健康(Chen et al.,2016)。中国家庭能源排放的温室气体空间格局呈现东部高、中部次之、西部低,温室气体排放产生最主要来源是电力(54.66%)、热力(20.19%)和煤炭(11.78%)。从使用去向看,用于家庭供暖的碳排放量最大,其次是家用电器和炊事,产生的二氧化碳量分别占38.87%、22.8%和24.2%(郑新业等,2017)。

由于城乡居民家庭使用能源的种类不同,导致碳排放量的巨大差异,城镇家庭能源消费排放量少,农村家庭因大量使用秸秆和直接燃煤,碳排放量远大于城镇。从影响因素看,人口结构的改变以及居民消费水平的提高将成为碳排放新的增长点,城乡家庭之间排放的差异性缩小,用能越多排放也越多(赵雪雁等,2013)。在云南少数民族地区,经济收入水平和地理条件便利性与家庭的碳排放量呈正相关关系,传统的风俗文化对少数民族农户碳排放也有一定程度影响(梁育填等,2012)。在黄土高原西部地区,有效热能越多的家庭污染指数越低,用能越清洁,居民碳排量放越少(牛云翥等,2013)。在贵州省,由于居民对能源消费的依赖度增加,导致在全省人口总量减少的情况下,人均碳排放量持续增加(吴彦潮等,2016)。

2.1.4 家庭能源消费的影响因素

阐明家庭能源消费的影响因素,对于控制能源消费总量、制定家庭能源发展政策和减少环境污染具有重要意义。目前诸多学者已经采用多种方法研究家庭能源消费的影响因素,包括因素分解分析法(factor analysis approach)(Chong et al.,2019)、投入产出法(input/output approach)(Ding et al.,2017)、多元回归分析(multiple regression analysis)(Frontuto,2019)、物质流分析(material flow analysis/substance flow analysis)(Jiang et al.,2019;Wu et al.,2019)。比较而言,多元回归分析和投入产出法通常单独使用或在宏观层面上组合使用,而物质流分析通常通过以微观要素开展典型家庭能源消费研究(Zou & Luo,2019;Wu et al.,2019)。既有研究表明,影响中国家庭能源消费的因素主要有经济发展水平、家庭结构特征、地理环境以及能源可得性,但因为地域自然环境及社会文化等差异,各因素对于能源消费的贡献程度存在不同程度的时空差异(Jiang et al.,2019;陈兴鹏等,2019)。根据不同指标,影响因素有多种划分标准,如根据影响路径可分为"间接因素"和"直接因素"(Chun-sheng et al.,2012);根据特征类型可划分为"社会经济因素"和"技术因素"(Reddy et al.,2014);根据因素来源分为"外部因素"和"内部因素"(O'Neill,2002)。近年来,文化与社会、政治、经济等要素逐渐成为家庭消费行为的新视角(张敏,2013),为此,本章节将从家庭属性、社会文化、政治经济、地理环境以及能源可得性和能源价格等方面开展影响因素述评(图2-3)。

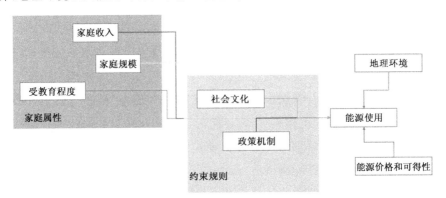

图 2-3 中国家庭能源消费影响因素相互作用联系

1. 家庭属性

主要包括家庭收入、家庭规模和受教育程度等三个指标。家庭收入是影响能源消费决策的主要经济因素,有学者通过实证研究发现二者呈现极显著的正相关关系(Yao et al.,2012;Reddy et al.,2014;赵雪雁等,2013)。人均年收入这一指标,可以解释中国农村家庭能源消费结构产生的变化(董锁成,2011),如收入增加带动家庭商品能源消费量的增长。具体而言,在全国范围内,收入每增加1%,能源消费平均增加7%(娄博杰,2008),在北京,家庭年收入每增加1万元,电能、煤炭和燃气人均年消费量分别增加19.57 kgce、32.11 kgce和22.09 kgce,但传统生物质能的人均年消费量减少36.98 kgce(李宗泰等,2017)。家庭收入增加亦导致家用电器种类和数量增加,从而间接导致家庭电能消费量增加(Han et al.,2018)。同时,收入水平高的家庭,舒适性是能源选择的首要因素;而收入水平低的家庭,经济性是首要选择因素(姚建平等,2009)。例如,低收入家庭更倾向选择传统薪柴作为主要能源,而较高收入家庭则倾向于电力和天然气,且高收入家庭比低收入家庭更容易实现能源清洁化转型(Damette et al.,2018)。在总能耗上,家庭人口规模与家庭总能耗呈正相关关系,且人口规模大的家庭倾向于选择成本低或者零成本的非商品性能源(娄博杰,2008)。但在人均能耗上,受规模经济效益的影响,家庭耗能电器和采暖能源可以内部共享,家庭人口规模与人均能耗呈负相关,家庭成员增加,人均能耗会随之减少(董梅等,2018)。例如,在江苏省,家庭人口数增加,会导致家庭电能消费总量的小幅提升,同时又降低人均电能消费(周曙东等,2009)。受教育程度较高的家庭更愿意选择清洁能源,受教育程度低的家庭更倾向于使用传统生物质能源(姚建平等,2009),如在陕西省农村地区,户主受教育程度每增加一级,家庭自产能源消费减少4%,家庭商品性能源消费的比例增加1%,选择使用清洁能源的概率是不选择该能源的1.25倍(董梅等,2018)。

2. 社会文化

具有不同文化背景的家庭在能源消费行为上也存在着较为明显的差异(Ma et al.,2017),比如崇尚集体主义文化的家庭比崇尚个人主义的家庭更有意愿优化能源消费行为,为营造与他人共享的清洁环境(于伟,2009),产生绿色消费行为(Reddy et al.,2014),而有良好节能习惯的家庭能源消费水平较低。所以提高居民的资源节约意识能够有效增加节能行为(Trotta et al.,2017)。此外,民族属性及其传统文化对家庭的能源选择也具有显著影响,如在云南少数民族的传统文化中,敬畏森林和树木的理念会在一定程度上减少他们对薪柴的消费需求(杨小军等,2016)。但随着城镇化的推进,在多民族聚居区域,不同民族在能源消费方面受传统文化影响的程度也逐渐变小(赵雪雁等,2013)。

3. 政策机制

过去30年,政策始终在中国社会经济发展中发挥着关键作用(Xue et al.,2010),影响家庭能源消费的政策可以分为心理类政策和结构类政策:心理类政策旨在影响居民的认知、动机等,从而改变家庭能源消费行为,主要包括节能宣教、能源信息提供和节能示范点等;结构类政策通过改变外部环境条件以约束家庭能源消费行为,如采用定价策略、改变生计策略以及增加能源供给,具体包括"新型城镇化"(Fan et al.,2017;Liu et al.,2018)、"退耕还林"(Zhang et al.,2017)、"天然林保护"(Chen et al.,2017)、"退牧还草"(Zhao et al.,2010)以及"农村电网工程"(Ding et al.,2018)等。经历过城镇化的居民用电量均出现明显增长,这主要是家用电器数量及使用频率的增加(Han et al.,2018)。

4. 地理环境

地理环境是农村能源供给的决定性因素(González-Eguino,2015)。一般来说,山区、高原家庭的生物质能源消费高于平原地区,而商品能源则集中在平原地区。丘陵山区因自然条件欠缺,用能结构单一,柴薪为主的非商品能源居多(吴文恒,2013)。随着海拔的增高,传统非商品能源使用比例随之增加,包括煤在内的商品能源使用比例则呈现明显下降趋势(娄博杰,2008),如在青藏高原地区,高海拔地区的人均能源消费量高于农区低海拔地区(Ping et al.,2013)。虽然气候环境对能源消费的影响趋势大体一致,但能源消费需求的相对变化程度随着地理区位、时间阶段及研究方法而有所不同,如沼气,在云南22%的农户使用沼气,而在甘肃使用沼气的农户比例只有3%(辛毅等,2014)。

5. 能源价格和能源可得性

农村地区生物质能可获得性强,采集成本低,家庭用能以柴薪、秸秆为主;而城市家庭因为管道气和瓶装液化气的存在,电器使用较为广泛(郑新业等,2017)。能源初期使用成本是影响居民使用此能源的重要因素,能源价格越高,居民使用该种能源的概率越低(Han et al.,2018),但能源价格对煤炭的使用与否影响不大,对液化气、太阳能等能源的使用比例影响较大(花菓,

2017)。在相同条件下,能源价格调整政策对不同地区家庭能源消费的实际影响效果可能迥异。例如,研究发现家庭用电价格的提高对广东省家庭能源选择的影响可能要小于内陆欠发达省份的居民(王腊芳,2010)。

2.1.5 中国家庭能源转型政策

面向家庭(household)或居住(residential)的能源消费成为中国实现能源转型的重点突破领域,中国政府出台了系列能源政策(表 2-4),包括《能源发展"十三五"规划(2016—2020)》(国家发改委,2016),《能源发展战略行动计划(2014—2020)》(国务院,2014),《能源技术革命创新行动计划(2016—2030)》(国家发改委,2016),以及《能源生产和消费革命战略(2016—2030)》(国家发改委,2016)。其中,《能源发展"十三五"规划(2016—2020)》和《能源发展战略行动计划(2014—2020)》属于短期计划,已于 2020 年到期,《能源技术革命创新行动计划(2016—2030)》和《能源生产和消费革命战略(2016—2030)》属于长期计划,设定了诸多目标。例如,在 2030 年,中国的一次能源消费控制在 60 亿 tce 以内,能源结构中的非化石能源占比应高于 20%。分析这 4 份政策文件文本发现,其设定的家庭能源转型目标为"绿色、清洁、低碳和可获得",这实际上也反映了《2030 年可持续发展议程》和《巴黎协议》的目标。

表 2-4 家庭能源转型政策

分类	关键举措	能源政策
能源服务	能源普遍服务。能源公共服务水平显著提高,实现基本用能服务便利化,城乡居民人均生活用电水平差距显著缩小	《能源发展"十三五"规划(2016—2020)》
	健全能源资源公平调配和应急响应机制,保障城乡居民基本用能需求	《能源发展"十三五"规划(2016—2020)》
	建立农村商品化能源供应体系,提高物业化管理、专业化服务水平。到 2030 年,农村地区实现商品化能源服务体系	《能源生产和消费革命战略(2016—2030)》

（续表）

分类	关键举措	能源政策
能源供给	推进居民生活电能替代。在新能源富集地区利用低谷富余电实施储能供暖	《能源发展"十三五"规划（2016—2020）》
	完善居民用能基础设施。统筹电网升级改造与电能替代，满足居民采暖领域电能替代	《能源发展"十三五"规划（2016—2020）》
	实施气化城市民生工程。到2020年，城镇居民基本用上天然气	《能源发展战略行动计划（2016—2020）》
	大力发展农村小水电，因地制宜发展农村可再生能源，推动非商品能源的清洁高效利用，加强农村节能工作	《能源发展战略行动计划（2016—2020）》
能源管理	实施全民节能行动计划，使节约用能成为全社会的自觉行动	《能源发展战略行动计划（2016—2020）》
	制定城镇综合能源规划，大力发展分布式能源	《能源发展战略行动计划（2016—2020）》
	统筹推进农村配电网建设、太阳能光伏发电和热利用	《能源生产和消费革命战略（2016—2030）》
	支持居民以屋顶光伏发电等多种形式参与清洁能源生产	《能源发展"十三五"规划（2016—2020）》
示范点	创建清洁能源示范省（区、市）、绿色能源示范市（县）、智慧能源示范镇（村、岛）	《能源发展"十三五"规划（2016—2020）》
	建设低碳智能城镇	《能源发展战略行动计划（2016—2020）》
	开展低碳社区试点示范，实施近零碳排放区示范工程	《能源生产和消费革命战略（2016—2020）》

然而，由于中国能源政策的制定过程是自上而下的，并侧重于供给侧，公众作为需求侧参与度有限，即使是针对家庭能源消费的政策，家庭也难以参与到政策

制定的宏观层面和政策实施的中观层面(Sheng et al.，2018)，家庭能源消费因受限于政策目标、能源存储、能源效率等因素，成为可持续能源转型的障碍和挑战。

2.2 国际家庭能源消费研究进展与述评

2.2.1 家庭能源消费研究热点及其主题

国外家庭能源研究的文献数据库由两部分构成：①Web of Science(以下简称WoS)引文索引数据库中的期刊论文；②Google搜索的报告和数据表。在WoS数据库中以"household energy consumption"/"residential energy consumption"作为关键词，以2000年至2018年为时间区间(Web of Science，2018)，共获得论文资料6 368篇。在分析过程中设置了较高的阈值：一是将期刊类型限制为"文章"和"评论"，并排除"中国"相关案例研究；二是考虑期刊收录文章的研究领域是否为能源消费领域，排除"Chemistry Physical""Nursing"等纯技术期刊和基础学科期刊；经过筛选得出1 267篇文章，为了检查是否有符合上述条件的期刊遗漏，对1 267篇论文中每年被引用最多前50篇参考文献的来源期刊做期刊共被引分析，结果得到1 267篇论文的参考文献来自于不同期刊，不存在同时符合以上两个条件的其他期刊。结果发现"energy-relate carbon emission"、"efficient technologies"和"household energy consumption"是国外学者研究的关键主题。

在建立文献数据库的过程中，CiteSpace软件也被用于识别关键期刊和文献中关键词群之间的联系，其最明显的优势在于它允许学者通过分析引文、共同引用和地理分布来研究特定的研究领域，从而得出结论(Richerzhagen et al.，2018)。如找出以"家庭能源消费"为关键词发布论文的主要期刊的聚类特征，有《Energy Policy》《Energy》《Renewable and Sustainable Energy Reviews》等。

2.2.2 发达国家家庭能源消费特征及其趋势

发达国家在能源转型方面积累了较多经验，本研究着重于发达国家家庭能源消费特征及其趋势,以期为我国能源转型提供科学经验支撑。综合对比发现,发达国家家庭能源消费特征体现在以下几个方面。

1. 家庭能源消费结构低碳化

2014年,英国家庭能源消费结构主要包括63%的天然气,25%的电力和1%的煤炭(DECC,2015)。而早在1990年,英国家庭能源总量的8%是煤炭,而天然气和电力分别占家庭能源消费结构的63%和20%(DECC,2015),经过14年的能源转型,煤炭几乎退出了英国家庭能源消费。2015年,美国和欧盟家庭能源消费类型向可再生能源转型的趋势非常显著。例如,美国家庭使用的能源主要包括电力(47%)、天然气(44%)、液化气和燃油(9%),电力是全国消费量最高的能源,但天然气是北方较冷地区消费量最高的能源;欧盟国家家庭能源消费主要包括天然气(37.1%)、电力(24.5%)、可再生能源(16%)、石油产品(11.7%)和衍生热量(7.5%)(Eurostat,2018)。美国家庭通过使用多种能源满足其家庭能源需求,2015年75%的家庭使用一种以上的能源,66%的家庭使用电力和另外一种能源,9%的家庭使用三种或更多能源(EIA,2018)。

2. 家庭能源的主要用途为供暖和炊事

这与中国家庭一致,但在占比和能源类型上有所差异。例如,在英国的家庭能源消费用途中,81%的能源用于取暖、17%用于照明和电器、2%用于炊事(Grubb et al.,2018)。美国家庭55%的能源用于室内温度调节,电力、天然气、液气均被用于供暖。天然气、电力主要用于供暖,尽管家庭使用不同的能源满足空间供暖和水供暖需求,但没有对不同能源在家庭终端能源消费中的比重产生影响。总体而言,在20世纪80年代,家庭能源消费中75%用于供暖,15%用于水加热,但由于全球平均温度的增加,大部分家庭能源消费将用于空间制冷和其他电力负荷(US EIA,2013)。

3. 美国是全球家庭能源消费量最高的国家

国际组织和学者在地方、国家和国际不同区域尺度开展了家庭能源消费特征研究。通过对比美国、加拿大、澳大利亚、法国、日本、韩国等发达国家和中国、印度、马来西亚、泰国、越南等发展中国家的家庭能源消费样本,发现美国是全球家庭能源消费量最高的国家(Nakagami et al.,2018)。2010年全球家庭的平均用电量约为0.35万 kW·h,美国家庭平均用电量为1.17万

kW·h，比用电量较低的尼日利亚家庭多20倍，比欧洲家庭多2～3倍（WEC，2018）。

2.2.3 家庭能源消费的影响因素

发达国家家庭能源消费受多重因素影响（Summerfield et al.，2010；Belaïd et al.，2016），主要包括经济发展水平、地理位置、家庭规模和家庭收入等（Wu et al.，2017），但即使因素相同，由于时空异质性，也存在不同。目前学者已经建立了诸多家庭能源消费认识的分析框架（Keirstead et al.，2006），这些研究框架从单一要素转为多要素组合，包含了住宅工程、经济学、社会学、行为选择和气候等特征要素（Motawa et al.，2015），以及旨在减少家庭能源消费的技术、行为和政策（Karunathilake et al.，2016）（图2-4）。

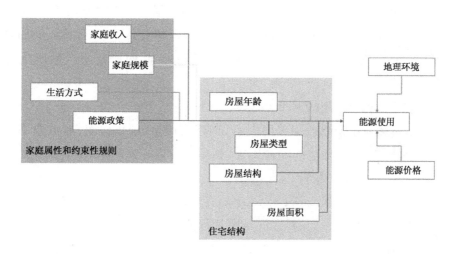

图2-4 发达国家家庭能源消费影响因素相互作用关系

1. 家庭规模（family size）

在所有社会经济因素中，家庭规模对能源消费影响最大（Kelly，2011）。家庭规模越大，住宅的建筑面积越大，空间供暖和其他设备使用所需的能源越多（Pachauri，2004；Preston et al.，2013；Bhattacharjee et al.，2011）。在澳大利亚，电能的消费量受家庭规模影响，人口数量、卧室数量越多，导致家庭电能消费量越高（Lenzen et al.，2013），但家庭规模的影响因家庭成员构成而异,有儿童的家庭将消费更多能源(Brounen et al.,2012),小规模家庭的人均能源消费较高(O'Neill et al.,2002),这主要是由于在同等使用能源时长情况下,小规模家庭无法最大化共享能源。

2. 家庭收入(household income)

家庭收入对能源消费的影响是间接的,主要体现在对房屋类型的选择上,虽然低收入家庭相较于高收入家庭使用的能源消费总量较少,但由于低收入家庭更可能居住在较旧且能源服务条件较差的住宅里,他们用可再生能源替代传统能源的可能性较低,减少能源消费总量的可能性也较低(Santamouris et al.,2007)。当收入水平超过一定阈值时,家庭能源消费能源对收入不再敏感,能源消费成为超越满足基本需求的享乐行为(Anker-Nilssen,2003)。受规模经济影响,家庭规模几乎抵消了家庭收入产生的影响,尽管随着家庭收入的增加,家庭中能耗产品和服务随之增加,但同一家庭的成员不仅可以共享用于炊事和取暖的能源,还可以共享家用电器,但如果这一家庭的成员分开居住,其产生的能耗将大于共同居住所产生的能耗(Ghanem et al.,2016)。

3. 住宅结构(building structure)

主要包括与住宅能效相关的因素(如建筑质量、墙体保温、能源效率系统、建筑材料等)以及住宅的物理属性(如房屋类型和面积)。住宅面积大于 130 m^2 的家庭的年平均用电量比小于 130 m^2 的家庭的年平均用电量高 671 kW·h(Godoy-Shimizu et al.,2014)。居住在独立式住宅的家庭的能源消费大于居住在多户住宅的,这主要是因为独立式住宅比多户住宅房屋产生更多"暴露面积"(Ewing et al.,2008)。房屋年龄也会影响家庭能源消费,房屋年龄越大,其能效一般会变得越低,从而更耗能。较新的房屋墙体绝缘效果越好,用于取暖的能源消费量越低(Wyatt,2013)。可能的原因是,人们早前在建设房屋时对能效的关注较少(Costa and Kahn,2011)。

4. 生活方式(lifestyle)

主要包括从事何种职业、在哪里居住、何时(或是否)结婚和生孩子、购买何种家庭能耗设备、环境意识等会对家庭能源消费产生影响(Sanquist et al.,2012)。不同家庭的生活方式有所差异。例如,房屋拥有者相较于租房者更愿意提升家庭能效。生活方式还决定了家庭使用能耗产品的决策和行为

(Kowsari & Zerriffi，2011)。在相同气候环境下，相较于城市，农村消费更多的电能，这主要是由于农村家庭更频繁地使用洗衣机、烘干机和洗碗机。环境意识也会对能源消费产生影响，研究显示，家庭中37%的电力消费受环境意识影响，表明居住者的行为将影响能源的使用，鉴于此，房屋设计师应了解居住者行为对能源使用影响，并在设计中恰当地融入其中（Stevenson & Leaman，2010）。

5. 地理环境（location & climate）

研究表明相较于工业和交通部门，家庭能源消费与地理位置关系更密切（Sailor et al.，2006），由于地理位置决定了气候条件，位于较冷地区的家庭比位于较暖地区的家庭消费要更多的能源（Blazquez et al.，2013），如由于2014年英国1月和2月的平均气温比2013年高1.7℃，家庭能源消费减少了12%（DECC，2014）。受热岛效应影响，城市的温度普遍高于周围农村地区，为达到相同的室内问题，城市家庭冬季空间供暖所需的能源低于农村家庭（Fahmy et al.，2011）。风速和降水量也是影响家庭能源消费的主要气候因素（Mukherjee et al.，2017）。

6. 能源政策（energy policy）

英国政府自2014年起创建了绿色交易社区基金（Green Deal Communities Fund），鼓励更多家庭安装节能设备。为满足英国碳排放预算政策要求，英国的家用电力和天然气价格大幅上涨，导致电力和天然气的消费量在2004—2014年整体下降了29%。德国政府出台了多个针对家庭能源消费的政策（Sheng et al.，2018），这主要由于德国家庭能源消费量占全国能源消费总量较大（26%）（AGEB，2018）；荷兰政府出台的能源效率行动计划（第三版）采取了一系列激励措施和政策法规，旨在降低家庭能源消费总量（MEA，2018）。

7. 其他因素（other factors）

此外，还出现一些关于家庭能源消费影响因素的新研究点，如Anderson等(2015)研究了空置房屋的能源消费，发现空置房屋平均消费30.2%的电力，能源使用率从4%～80%不等，提出了能源最优化对策，即在不影响使用者舒适度的前提下，通过改善使用者行为，使家庭节能最大化（Anderson et al.，2015；Yun et al.，2012；D'Oca et al.，2018）。这也意味着在提高能效方面,发挥人的主观能动性和提高能源技术同等重要(Wang et al.,1996)。

2.2.4 家庭能源消费的环境效应

发达国家的家庭能源消费产生的环境效应主要体现在碳排放、气候变化和全球变暖等方面。家庭住宅建筑中的能源使用是城市二氧化碳排放的主要来源之一,家庭能源消费产生的二氧化碳中,50%来自于用于供暖、制冷和照明使用的能源。家庭能源使用的人均二氧化碳排放量与家庭房间数量呈正相关(Mundaca,2008)。2013年,美国22%的能源消费量和21%的二氧化碳排放量来自家庭,由于工业和商业能源消费的快速增长,预计两者的占比将略微减少至20%和19%(EIA,2016)。2013年英国家庭能源使用造成的二氧化碳排放量为1.335亿吨,比1990年下降了15%,低于英国首个碳预算中的23%总体减排目标(DECC,2015),而煤炭使用量的减少为二氧化碳排放量的减少做出了重要贡献(DECC,2014b;Nejat et al.,2015)。西班牙家庭能源消费支出与碳排放呈正相关关系,当能源消费支出增加1个单位,二氧化碳排放量增加了594 g。

2.3 国内外家庭能源消费研究对比及启示

总体而言,中国和发达国家的家庭能源消费都是一个复杂的过程,家庭能源受不同因素影响,包括内部因素(家庭收入、家庭规模、生活方式)和外部因素(地理位置、能源政策、气候条件),但因经济发展水平和资源禀赋差异,对同一类型的因素而言,其影响存在差异。识别中国和发达国家家庭能源消费特征和影响因素差异,是实现我国能源可持续转型的关键。

综合分析中国和发达国家家庭能源消费特征以及影响因素后,笔者采用"需求-机会-能力"(NOA)模型,分析家庭能源消费行为过程(图2-5)。NOA模型是用于辨识在宏观和微观视角下消费者的行为模式,包含技术、经济、人口、政策和文化五大社会背景。家庭成员的能源消费行为取决于满足需求的机会和能力(Gatersleben & Vlek,1998)。"需求"指的致力于改善生活质量的一系列目标,如家庭需要能源提供一系列"服务",如供暖和制冷以及使用电器。家庭能源需求随着对生活舒适度的更高追求而增加,如更大的居住面积、舒适的室内温度以及更完备的卫生条件。"机会"则是外部促进条件,如能源的可得性等。"能力"是家庭追求能源消费的内部能力,包括家庭收入、时间、空间(房屋的位置)、认知等能力(Gatersleben & Vlek,1998),而机会和能力决定了消费者的行为控制水平。在这样的行为决策过程中,由于各类要素差异,中国和发达国家的家庭能源消费结构呈现不同的特征。技术改进和经济发展通过大规模生产和降低价格增加了消费者的购买机会和能力。随着人口增加,人口规模会对消费产生影响。政策则会通过价格或者规范限制消费机会和消费能力。文化和价值观也可能通过影响消费者的需求和机会渗透到消费过程中(Brohmann et al.,2009)。

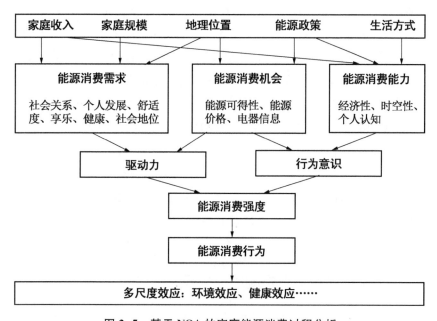

图 2-5 基于 NOA 的家庭能源消费过程分析

2.3.1 家庭能源消费特征差异

国外家庭能源消费总量趋于平缓,中国仍处于快速上升阶段。尽管能源效率显著提高,但发达国家和中国的家庭能源消费量总体都在增加。已有研究显示,随着中国城镇化每提高1%,将推动能源消费8 000万吨标准煤(Liu et al.，2017)。尽管发达国家的家庭能源消费总量仍在持续增加，但增速有所减缓。例如，英国家庭能源消费总量在1990—2004年期间持续增加，从2004—2014年尽管消费总量仍在增加，但增速有所减缓。2005—2016年，欧盟的家庭能源消费量下降了8%，但与2014年相比，2015年和2016年分别增长了4%和3%(EEA，2018)。与中国不同的是，发达国家的人口密集区的平均家庭能源消费量较低，在多伦多，人口高密度地区的家庭能源消费量不到人口低密度地区家庭的一半(Huner et al.，1998)。

国内外家庭能源消费主要用途为取暖和炊事，但用途占比存在差异。1990—2015年美国家用电器的用电量增加了30.6%，而用于取暖和制冷的电力增加量不到20%，导致用电量增加的电器分别是微波炉、个人电脑和干衣机(EIA，2015)。在中国同样如此，随着家庭生活水平不断提高，家用电器在普通家庭中得到普及，电力消费迅速增长，1990年，家用电器能源消费量占6%，而到2010年这一数据上升至10%，耗电量前三位的电器分别是照明、电冰箱和空调(宁亚东等，2013)。总体而言，中国家庭的电力主要用于满足照明、炊事等基本生活需求，而发达国家家庭主要用于追求更高生活质量。在用于取暖的能源消费占比方面，中国和发达国家差异较大，2010年，中国家庭取暖能源消费占比为25%，是美国的1/2，是英国和欧盟的1/3。这是由于与气候相似的发达国家相比，中国家庭对取暖的能源需求更低，中国家庭倾向于降低室内热舒适度的要求来维持娱乐和信息技术等其他家庭能源消费水平，这类能源消费被认为对维持中国家庭生活方式更为重要(Chen et al.，2009)。

2.3.2 家庭能源消费影响因素差异

经济地理学认为人口增长等外部新经济地理学因素决定经济的增长水平(刘卫东等，2013)，收入等经济水平的变化，是能源消费行为的决定性因素；地理位置决定了气候环境，是能源消费行为的约束性因素；能源政策对能源消费行为有鼓励和约束的双重影响。因此，家庭能源消费主要受经济条件的决定性因素影响，地理位置的约束性因素影响以及能源政策的鼓励和约束双重因素影响，人口规模、住宅特征以及生活方式作为个性化驱动因素，对中外家庭能源消费的影响有明显差别，同时受能源弹性影响，呈"∩"形。

在发达国家,家庭收入不再是影响能源消费的主要因素,尽管高收入家庭平均消费更多能源。但是,短期内的收入对消费在统计学上没有显著影响。这主要是由于家庭收入越高,其行为受收入影响越小,收入带来的放射线渐渐远离中心而行。家庭收入产生的能源消费行为,当满足基本需求时,收入造成的影响最为直接,但随着收入逐渐增加,经济水平对于能源消费行为的影响逐渐减弱(Barnett,2000)。

中国经济发展处于社会主义初级阶段,经济发展水平较低,因此用"∩"形收入-能源消费的上升部分描述相应的家庭收入和能源系统之间的关系更为确切,即随着家庭收入的增加,能源消费总量随之增加。

教育水平是影响中国家庭能源消费的主要因素之一,但在发达国家,受教育程度高的家庭的能源消费模式与其他家庭并无异处。研究显示,提高节能意识不一定会产生节能行为,增加能源使用及其对环境产生影响的知识,也不一定是增加节能行为的必要条件。但住宅特性是影响发达国家家庭能源消费的主要因素,在中国,这一影响因素并不明显。在能源可得性方面,中国的电力普及率和发达国家相当,电力的可得性不再成为中国和发达国家家庭能源消费的影响因素。能源政策因素对中国家庭能源消费的影响不大,尽管家庭成员都认同绿色照明工程等节能政策,但并没有对其家庭能源消费行为产生显著影响(吴玲,2018)。为进一步量化分析影响因素差异,按照研究结果的中位数将影响因素划分为5个等级(表2-5),进行中国和发达国家家庭能源消费影响因素差异分析。

表2-5 影响因素分级表证

序号	影响因素	中国	发达国家
A 内部因素	A1 家庭收入	△△△△△	△△
	A2 家庭规模	△△△	△△△△△
	A3 生活方式	△△	△△△
B 外部因素	B1 能源政策	△△	△△△△
	B2 地理位置	△△△	△△△
	B3 住宅特性	△△	△△△△

中国的能源转型在能源安全、经济增长和气候变化等多重压力下进行,

影响着可持续发展进程。作为全球最大的能源消费国和能源技术输出国,中国能源转型的关键在于不仅要在能源技术上实现进步,也需要在能源结构、能源体制和能源安全观上实现突破。家庭在实现中国能源革命的总体目标以及长期可持续发展方面发挥着关键作用。在能源转型背景下,总体而言,诸多学者对家庭能源消费及其相关问题从不同时空尺度及政策层面等方面开展了研究,但主要集中于家庭能源消费结构及其影响因素、能源消费碳排放以及能源消费政策等方面,以单一要素研究较多,相对缺乏集成和综合性的分析。

3 研究区概况和数据采集

> 地理学的主题极端复杂,很多规律在某些条件下只在同一时间的同一地方起作用。
>
> ——Holloway

地理学视角下的人类活动及其与环境-社会系统的交互作用研究,其独有特色即是以地域为单元(陆大道,2014),并因社会发展而不断地赋予新的时代内涵(刘毅等,2018)。家庭能源消费活动是人-地系统研究对象之一(薛冰等,2019),同样具有地域性特征并涉及社会、经济和环境等多维领域(樊杰,2011),如不同区域的自然地理、社会经济、资源禀赋以及文化特征形成不同的能源消费活动地域特征。针对青藏高原地区家庭能源活动较为薄弱这一现实,以青海省为案例区,设计数据采集体系,并通过预调研、问卷调查、深度访谈等手段获取数据信息,进而构建数据采集体系,支撑对家庭这一微观尺度能源活动研究需求。

3.1 青藏高原区情概述

青藏高原位于中国西南部,包括西藏和青海两省区全部,以及四川、云南、甘肃和新疆等四省区部分地区,总面积约 250 万 km^2,大部分地区海拔超过 4 000 m。2017 年,习近平在祝贺第二次青藏高原综合科学考察研究启动的贺信中强调,"青藏高原是世界屋脊、亚洲水塔,是地球第三极,是我国重要的生态屏障、战略资源储备基地,是中华民族特色文化的重要保护地。开展这次科学考察研究,揭示青藏高原环境变化机理,优化生态安全屏障体系,对推动青藏高原可持续发展、推进国家生态文明建设、促进全球生态环境保护将产生十分重要的影响。希望你们发扬老一辈科学家艰苦奋斗团结奋进、勇攀高峰的精神,聚焦水、生态、人类活动,着力解决青藏高原资源环境承载力、灾害风险、绿色发展途径等方面的问题,为守护好世界上最后一方净土、建设美丽的青藏高原作出新贡献,让青藏高原各族群众生活更加幸福安康"。

作为世界屋脊、亚洲水塔和地球第三极,青藏高原是我国重要的生态安全屏障、战略资源储备基地(郑度等,2004),也是一个自然资源丰富、生态环境脆弱、多民族文化汇聚但经济欠发达的特殊区域(姚檀栋等,2017;徐增让等,2017)。从自然环境来讲,青藏高原在中国和世界的碳储存中都发挥着重要作用,其中青藏高原东南部森林是中国最高的土壤碳密度地区,而青藏高原高山地区是中国草原碳储量最高的地区,占中国草原碳储量的54.5%,占世界草原碳储量的4.90%~8.72%(Ping et al.,2011)。2011年,《青藏高原区域生态建设与环境保护规划(2011—2030年)》颁布实施,生态系统退化的趋势得到控制,生物多样性持续恢复,一些重点生态工程区的生态功能全面好转。在绿色能源产业方面,青藏高原拥有丰富的水能、太阳能、地热能等绿色能源。例如,作为世界上太阳能最丰富的地区之一,青藏高原年太阳总辐射量高达 5 400~8 000 MJ·m^{-2},比同纬度低海拔地区高50%~100%。因此,近年来,青藏高原各省区基本构建了以水电、太阳能等为主体的可再生能源产业体系。当前,随着社会经济发展,特别是城镇化和工业化进程的持续加快,青藏高原生态文明建设仍然面临诸多挑战,其中突出表现之一就是保护与发展的矛盾仍然突出,在巩固和提升生态文明建设成果方面,任务依然艰巨(国务院,2018)。

家庭能源消费活动是影响青藏高原生态文明建设和可持续发展的重要因素之一(Zhao et al.,2019;Niu et al.,2018),在气候变化与人文因素的交互作用下,青藏高原东缘地区农户的生计方式逐渐从纯农业向兼业化、非农化转变,进而引起农户能源消费行为及碳排放量的变化(郭芳等,2015)。在前期研究中,Ping等(2013)通过参与式评估和物理检测方法对青海省农区、牧区和农牧交错区开展家庭能源消费研究,发现过度使用传统生物质能源可能对生态系统带来碳排放压力。陆晨刚等(2006)开展了西藏农牧区家庭室内空气污染研究,发现牛粪的热值低,只有秸秆和薪柴燃料的50%,但产生的灰分含量却在生物质能源燃料中最高,分别是秸秆的4~10倍、薪柴的4~40

倍,且牛粪燃烧产生的排放物具有较强的致癌风险。然而,为了满足日常炊事和取暖需求,牧区居民需要燃烧秸秆、薪柴和一定数量的牛粪,从而产生严重的室内污染,危害人体健康。青藏高原具有丰富的太阳能、水能以及风能等可再生能源资源,开发这类能源将有效缓解能源贫困以及能源消费带来的对环境和生态效应的影响。胡尧等(2017)对西藏的太阳能资源开展了研究,认为西藏的生态环境脆弱,不宜发展火力发电,开发太阳能是西藏实现可持续发展的重要途径,然而目前太阳能资源尚未得到充分开发。Liu 等(2008)认为太阳能住宅是缓解青藏高原农村能源贫困的有效途径,可以大大改善室内环境,为居民提供更好的居住热舒适性。孙永龙等(2015)以甘南牧区 9 个县区为对象,研究了牧民家庭在不同生活方式下的能源消费模式的差异,结果表明定居后牧区家庭能源消费模式产生重大变化,人均能耗水平下降,商品能源消费比例提升(孙永龙等,2015);杨玉含等采用统计分析方法,研究发现 2000—2008 年青海省城镇与农村居民生活用能在总量和人均水平上均相差较大,城镇居民产生的碳排放远高于农村居民(杨玉含等,2011)。刘刚等(2009)研究西藏的能源消费格局发现,2005 年生活用能占能源消费总量的 72%,而其中生物质能源占能源消费比例的 70%,农村使用的生物质能源消费占 68%。但总体来看,目前依然缺乏对青藏高原地区典型家庭能源消费的区域差异性、时空格局及影响因素的深入研究。

3.2 研究靶区概况及能源地理特征

3.2.1 自然地理特征

青海省位于青藏高原东北缘,介于东经 89°35′~103°04′,北纬 31°36′~39°19′之间,总面积 72.23 万 km²,占全国总面积十三分之一,仅次于新疆、西藏和内蒙古,位居全国各省、市、自治区土地面积的第四位。截 2017 年,行政区划包括 2 个省辖市,6 个自治州,43 个县级行政单位。青海省是农业和畜牧业的交汇地带,生活着汉族、藏族、回族、土族、撒拉族、蒙古族等民族,然而城乡居民人均可支配收入不及全国平均水平,贫困人口较多。

青海省地貌基本格局呈北西西—南东东走向,地貌单元基本上沿纬线方向呈带状分布。青海省地势高耸且高低悬殊,并自西向东逐渐倾斜。全省平均海拔3 000 m以上,海拔高度高于3 000 m地区面积为58.6万km²,占全省总面积的81.13%,海拔2 000 m以下的地区面积只占1%,全省平均海拔虽然低于西藏,但和全国其他省(区)比较,仍以高海拔著称。东部及东北地区为黄土高原向青藏高原的过渡地带;南部为青藏高原腹地;西北部为昆仑山、阿尔金山和祁连山环绕的柴达木盆地,地形大体可分为祁连山山地、柴达木盆地和青南高原三个自然区域类型。由于地势高低悬殊,使得省内大河自西向东流,同时地势强烈下降、水量充沛,蕴藏着丰富的水力资源,成为我国水力资源丰富的省份之一。此类地势有利于东南气流和西南气流进入东部地区,形成一定的降水量,利于农牧业发展。

青海省属于典型的高原大陆性气候,气温普遍较低,地区差异显著,垂直变化明显。全省年平均气温-6~9℃,比我国东部同纬度地区要低3~20℃。因海拔高度不同,各地气温差异很大,如东部平均海拔2 500 m以下,年均气温3~9℃,成为全省的暖区,水热条件理想;西北部柴达木盆地、共和盆地等,平均海拔3 000 m左右,年均气温2~5℃,成为全省的次暖区;海拔4 700 m以上的青南高原,年均气温-4~-6℃,气候寒冷。青海省太阳辐射强、光照时间长、光能资源丰富,全省太阳能辐射总量为5 863~7 410 MJ/m²,比我国同纬度的东部地区高1 600 MJ/m²以上。青海省全年日照时数2 300~3 600 h,大部分地区超过2 600 h,柴达木盆地为3 000 h以上,比我国同纬度的黄土高原、华北平原高400~700 h。平均日照率超过60%,柴达木盆地为70%~80%,光能资源丰富,仅次于西藏。青海省降水量少,且地区差异大,季节变化明显。全省年均降水量为250~550 mm,从东南向西北递减,东南部降水较多,柴达木盆地大部分地区降水量仅有25~50 mm,成为我国最干旱地区之一。空气稀薄,加剧了空气增温和降温的强度,使气温日夜差增加。

青海省是长江、黄河、澜沧江、黑河的发源地,境内河流可分为黄河流域、长江流域、西南诸河流域和西北诸河流域四大流域。全省水资源636.4亿m³,其总量居全国各省(区)第十六位,由于青海省地广人稀,农牧业较落后,人均水资源占有量是全国平均水平的4倍多,然而目前全省水资源利用率只有4.3%,仅为全国平均水资源利用率的25%(青海省水资源公报,2016),水资源开发利用潜力较大。

青海省森林分布面积小,沿东北部、东部、东南部呈弧形分布。全省森林面积0.31万 km^2,覆盖为0.43%,仅为全国平均水平的18.79%。青海省草地分为草原和草甸两大类,为省内最重要的自然生态系统类型。全省天然草地面积36.45万 km^2,占全省国土面积的50.63%,占全国天然草地面积的10%,居全国第4位。草原分为温性草原和高寒草原,温性草原分布区开发历史悠久、经济发达、人口稠密,草原植被仅保留在陡峭山坡、远离居民点和无灌溉条件的山区,其余大多被开垦为农田和辟为民居地;高寒草原分布于平均海拔4 000 m以上的区域,分布面积较广,草质较好,适口性强,是良好的天然牧场。草甸是青海省所占面积较大的植被种类,占全省草场面积的近50%。由于草质柔软、适口性好、耐牧等优势,草甸成为青海省发展畜牧业的重要基地。湿地分布面积广,1 km^2以上的湿地面积总量约为4.13万 km^2,位居全国省级区域的第4位。全省已建成4类湿地保护区或以湿地保护为主的自然保护区,湿地保护区总面积占国土面积的22%。

青藏高原现有的草原、灌丛、森林等植被是在长期严酷的自然环境下形成的,一旦遭到破坏,在短期内难以恢复。因此,其生态表现出敏感性和脆弱性。人类在严酷、脆弱的生态环境中发挥主观能动性,创造了辉煌的历史,但也引发了一系列环境恶化问题,如滥垦草原、滥伐沙生植被加速沙漠化,过度放牧导致草原退化,使沙漠化进一步扩大,部分县区退化草场面积占全县天然草场面积的70%,导致38%的牧民无法生活而异地安置,沦为生态流民(张忠孝,2009)。自2003年实施退牧还草工程,配合以生态移民、禁牧及季节放牧等措施,1亿多亩草原实现退牧还草。

3.2.2 社会经济特征

2017年,青海省地区生产总值2 642.8亿元(图3-1),居全国第30位,仅高于西藏。同比增长7.3%,增速居全国第18位。分产业看,第一产业增加值238.41亿元,占全省地区生产总值的比重为9%,第二产业增加值1 190.38亿元,比重为44.7%,第三产业增加值1 224.01亿元,比重为46.3%。受地理位置和资源条件影响,青海省的种植业和畜牧业支柱地位明显,工业基础相对薄弱,旅游业及新能源产业发展较快,拉动地区生产总值明显。2017年,青海省人均地区生产总值44 348元,只有全国人均地区生产总值的74%,仅为江苏省人均地区生产总值的41.29%。农村居民人均可支配收入为9 462元,只有全国平均水平的70.4%;城镇居民人均可支配收入为29 169元,只有全国平均水平的70%,贫困人数较多。

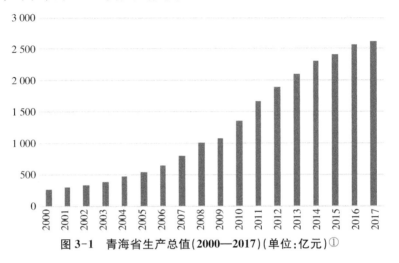

图3-1 青海省生产总值(2000—2017)(单位:亿元)①

2017年青海省常住总人口598万,其中农村人口344万。全省人口密度为2.71人/km²,为全国平均人口密度的1.83%,在全国各省级区域中仅高于西藏,居倒数第二位。受自然地理环境、工业经济发展以及城镇化进程影响,根据2010年全省第六次人口普查,省内各州、地、市人口密度差异很大。西宁市人口密度为295人/km²,尽管其面积只占全省的2.8%,但市中心城区人口密度达176人/km²,是全省平均人口密度的67倍,近3倍于全国省会城市市区平均人口密度,位居我国西部十省区省会(府)之首。海东市人口密度为107人/km²,仅次于西宁,是省内人口密度第二大地区,和全国平均人口密度相接近。海西蒙古族藏族自治州人口密度为1.5人/km²,仅占全省平均人口密度的57%,果洛藏族自治州和玉树藏族自治州人口密度为全省的81%和76%。柴达木盆地人口极其稀少,还有大片人类难以生存的无人区。

2010年全省第六次人口普查显示,青海省具有大中专文化程度的人口占总人口的19%,比全国平均水平低3个百分点,省内各地区每万人的不同

---

① 资料来源:《青海省统计年鉴2018》

文化程度人数存在较大差异性。例如,具有大中专以上文化程度的人口数量最多的是西宁市(60.28万人),其次是海东市(18.32万人)、海西蒙古族藏族自治州(13.12万人),最少的是玉树藏族自治州(2.278万人)。全省大中专以上文化程度的人口数量均呈增长态势,但各地区差异较大。高中文化程度全省人数与2 000年持平,玉树藏族自治州和海西蒙古族藏族自治州出现负增长。城乡人口受教育程度存在差异,拥有大中专及以上文化程度的教育人口数,城镇皆高于农村,说明城镇人口文化程度普遍高于农村。全省文盲率为10.23%,是全国文盲率的2倍。西宁市和海西蒙古族藏族自治州的文盲率较低,海东市、玉树藏族自治州、黄南藏族自治州的文盲率在10%以上。海东市化隆县和循化县90%的文盲是15岁以上的人口。

青海省是我国少数民族人口比重高的省份之一,2010年全国第六次人口普查,少数民族人口占全国总人口的8.49%,在34个省、自治区、直辖市、特别行政区中,少数民族所占比重最高的为西藏自治区,其次是新疆维吾尔自治区,第三是青海省,所占比重为46.98%,是全国所占比重的5倍多。省内有藏族、回族、土族、撒拉族、蒙古族等主要少数民族,其中藏族占总人口的24.44%,回族占14.83%,土族占3.63%,撒拉族占1.9%,蒙古族占1.77%。

青海省是我国五大牧区之一,2017年畜牧业产值占农林牧渔业总产值的50%,远高于全国平均水平,青海省的畜牧业生产不仅在本省经济发展中具有主体作用,在全国畜牧业生产中也占有重要地位。近年来,各类牲畜年末头数、肉、牛奶和羊毛等畜产品产量呈逐年上升趋势,为保护草原生态环境,载畜量趋于科学合理。农业产值占44%,主要种植小麦、青稞、豌豆、蚕豆、马铃薯等粮食作物,以及油菜籽、药材、蔬菜、瓜果等经济作物。青海省工业起步较晚,目前形成以煤炭、石油和天然气开采为主的能源工业;以盐湖资源开发为主的盐化工业;以有色金属为主的矿产品开采;以农畜产品为原料的轻纺、食品工业为主的轻工业;以机床、工程机械制造为主的机械工业格局。

能源方面,2017年青海省能源生产总量为3 305.78万吨标准煤,其中一次电力占46.21%,天然气占25.75%,原油占9.85%,原煤占18.19%。2007—2017年,原煤和一次电力始终是青海省能源生产的重要组成部分,两者占全省能源生产总量始终保持在60%以上。自2014年开始,原煤在能源生产中的占比大幅下降,一次电力占能源生产比重首次超过原煤,达到 37.6%。在能源消费方面,2017 年全省能源消费总量为 4 202.46 万吨标准煤,其中一次电力占 41.07%,煤炭占 32.12%,天然气占 15.69%,石油占 11.12%。煤炭和电力是青海能源消费的主要来源。城乡居民能源消费总量 281.6 万吨标准煤,占能源消费总量的 6.6%,其中,原煤消费量 105.5 万吨,汽油消费量 25.9 万吨,电力消费量 27.4 亿 kW·h。农村居民能源消费量为 104.1 万吨标准煤,占城乡居民能源消费总量的 40%。目前,青海省农村居民能源消费方式仍较传统,农牧民相对缺乏可以替代的清洁能源,同时,以畜粪、秸秆为主的家庭能源消费在一定程度上影响了生态系统的自我修复,能源需求与生态文明建设急需协同推进。

青海省能源自给率(超过 100%)高于全国平均水平(84.2%),然而,能源自给率的变化主要受能源生产和能源消费的影响,随着青海省经济发展速度不断加快,能源消费量持续上升,在一定程度上削弱了自给率的上升(薛芳芳等,2016),自 2015 年能源自给率开始下降,从 2014 年的 102.7%降至 79.8%,降幅达 22.9%(图 3-2)。

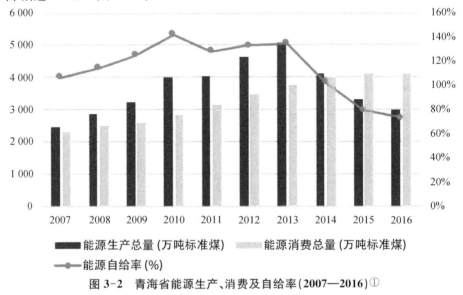

图 3-2 青海省能源生产、消费及自给率(2007—2016)①

---

① 资料来源:《青海省统计年鉴 2018》

3.2.3 自然资源概况

青海省是我国自然资源总量相对富集的资源大省。全省人均占有国土面积是全国人均占有量的18倍,人均草地面积是全国人均占有量的25倍,是甘南藏族自治州的3倍。水资源年流经量位居全国第15位,但人均占有量是全国平均数的5倍。水资源成为优势资源,人均可开发水电资源量是全国人均数的12倍。人均耕地略高于全国平均水平,是江苏省人均耕地面积的1.8倍。可见,青海省的资源总量和人均占有量较大,是我国的资源大省之一(表3-1)。但由于低温、缺氧、干旱等特点,资源开发难度大,资源开发投入大。

表3-1 青海省人均资源同全国比较

	人口密度 /hm²·人$^{-1}$	耕地 /亩·人$^{-1}$	草地 /hm²·人$^{-1}$	可开发水电 /kW·人$^{-1}$
青海	12.79	1.56	7.45	3.78
中国	0.69	1.29	0.28	0.36

青海省土地类型多,其中山地占51%,丘陵占8%,平原占26%,沙漠、水域等占15%。山地区域地势高、气温低、土层薄、气候高寒、土地质量较低、物产量不高,制约了农牧业发展。土地利用面积只有65.23%,低于全国平均水平,农用地4 510万 hm²,占全省土地总面积的65.75%,其中,草地面积占全省农用地面积的89.88%,而耕地面积只有1.29%,宜农用地较少。在土地利用上,海拔2 200 m 以下,种植冬小麦、蔬菜、瓜果等农作物,形成了农区;海拔2 200~3 300 m 以下,种植小麦、青稞、油菜等温带喜凉作物,形成了农牧交错区;海拔3 300~3 900 m 为牧业用地,形成了牧区;海拔3 900 m 以上则为暂不能利用土地。

青海省的光能、风能、地热能等可再生能源资源丰富。研究指出90%以上的清洁能源必须转化为电能才得以应用,电能是清洁能源的最终利用形式,也是效率最高的利用形式(梁琳琳等,2015)。青海省可再生能源在总发电装机容量中所占比例较高,截至2017年,青海电网总装机容量为2 561.5 万 kW,清洁能源装机容量占总装机容量84.4%,其中,光伏装机容量为796.35 万 kW,占总装机容量的31.09%,是全国平均水平的2倍;水电装机容量为1193.4万kW,占总装机容量的46.59%,是全国平均水平的8倍;风电装机容量为197万kW,占总装机容量的7.69%,略低于全国平均水平(表3-2)。

表3-2 青海省可再生能源类型、储量及特点

可再生能源类型	总储量	特点
风　能	折合标准煤7 865万t 折合电1 756亿kW·h	风能密度大、蕴含量丰富
太阳能	折合标准煤1 623亿t 折合电360万亿kW·h	1. 日常时间长,辐射强度大; 2. 分布均匀,开发前景广阔; 3. 用于建设太阳能发电系统的场地广阔
水　能	2 337.46万kW·h	总量丰富、过境水量大、开发潜力大

青海省太阳能资源丰富,比较其他省份,在相同面积和容量情况下,光伏并网发电能比甘肃、新疆多发15%～25%的电量。能利用的荒漠土地主要分布在光照资源丰富的柴达木盆地和三江源地区,且不少荒漠靠近电力线路和负荷中心,并网条件优越,是建设大型荒漠光伏并网电站、建立太阳能电力输出基地的优选区域。青海省依托丰富的太阳能资源大力发展光伏产业,初步形成了较为完整的光伏产业链,建成光伏电站装机规模位列全网前列。例如,2016年,青海省光伏发电新增装机容量3 454万kW·h,光伏发电总装机容量达到7 742万kW·h,全年发电量662亿kW·h,占我国全年总发电量的1%(图3-3、图3-4)。

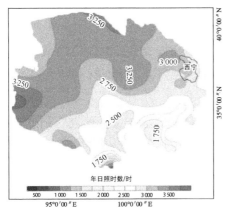
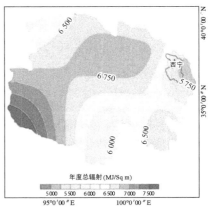

图3-3 青海省年日照时数(左)及年度总辐射(右)

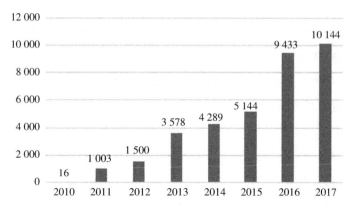

图 3-4 青海省光伏发电装机增长情况(2010—2017)(单位:kW·h)[1]

青海省水能资源丰富,水电资源可开发量 2 300 万 kW,其中可开发利用水电资源 2 337.46 万 kW·h,占全国的 3.3%,占西北地区的 27.8%。可开发的大中型水电资源装机为 2 096.3 万 kW,年发电量 832 亿 kW·h,占全国的 5.2%,占西北地区的 43.7%。人均拥有可开发水电资源约为全国平均数的 10 倍左右,占全国可开发水电资源的 4.8%。青海省水力资源主要富集于黄河流域,占 86%;其次是长江流域、澜沧江流域和内陆河流,开发集中度高(马吉明等,2013)。黄河干流水力资源技术可开发总量的绝大部分都在青海境内,正因如此,青海的水电比例占电力构成的 46%,远远超过其他省份。省内水电站大多具有日调节功能,当光伏电站出力发生变化时调整水电站的有功出力进行补偿,实现水光互补发电,达到平滑光伏出力曲线、提高光伏发电电能质量的目的,成为水电对光伏发电重要的支撑条件。

青海省属风能较丰富区,排在东南沿海、内蒙古、新疆之后。全省范围内风能密度在 150 W/m² 以上,省内一年中风速为 3~20 m/s 且时长大于 3 000 h 的地区面积占 90% 以上,全年可利用风能时间 4 000 h 以上的地区,占全省面积的 70% 以上,年风能资源理论值折合 7 865 万吨标准煤,相当于电能 1 756 亿 kW·h(白生菊,2005)。2016 年青海省风电发电量 10 亿 kW·h,占全国风力发电量的 0.4%,全年风电利用小时数 1 952 h,比全国平均水平高 210 h。

---

[1] 资料来源:青海省电力公司调度控制中心统计数据

青海省借助良好的可再生能源基础,充分发挥光伏水电互补优势,于2017年和2018年分别2次实现全可再生能源供电。2017年6月17日0时至6月23日24时,青海省依托水电、光伏和风电三种能源开展了连续7天168小时全清洁能源供电的"绿电7日"活动,不足部分通过外购新能源电量进行补充,在全国首次实现一省范围内供电"零排放",真正实现100%清洁能源供电(青海电力,2017);2018年6月20日0时至28日24时,青海省又开展了"绿电9日"活动,连续9天216小时全部使用清洁能源供电。"绿电7日"期间,省内电网最大用电负荷736万kW,全省用电量达11.78亿kW·h,水电供电量8.52亿kW·h,占全部用电量的72.3%;新能源用电量占全部用电量的27.7%,相当于减少燃煤53.5万吨,减排二氧化碳96.4万吨。"绿电9日"期间,省内电网最大用电负荷853.8万kW,全省用电量17.6亿kW·h,清洁能源发电量20.31亿kW·h(水电电量16.12亿kW·h,光伏电量3.23亿kW·h,风电电量0.96亿kW·h),清洁能源电量占全部用电量的23.8%,相当于减少燃煤80万吨,减排二氧化碳144万吨(王晓晶等,2013)(表3-3)。清洁能源除满足省内供电外,还实现外送2.71亿kWh。

表3-3 "绿电7日"和"绿电9日"发电及减排情况①

	电网最大用电负荷	全省用电量	清洁能源发电占比	新能源发电占比	减少燃煤量	减排CO_2量
绿电7日	736万kW	11.78亿kW·h	72.3%	27.7%	53.5万吨	96.4万吨
绿电9日	853.8万kW	17.6亿kW·h	76.2%	23.8%	80万吨	144万吨

3.2.4 民族文化特征

文化价值观对环境态度及人类行为产生深远影响(Thompson et al.,2018),受地理环境因素的影响与制约,各少数民族在地域分布的空间格局上出现了复杂的变动,而且在不同时空范围内,因自然与人文环境的变迁,少数民族相应地也在农业生产、畜牧等领域采取了不同应对措施,这些措施与环境相互影响,形成了民族与人-地关系的复杂互动关系,并最终促进了民族进

---

① 资料来源:青海省电力公司调度控制中心统计数据

步、团结与发展。青海省分布着藏族、回族、土族、撒拉族以及蒙古族等少数民族,各民族均有其独特的文化属性及适应环境形成的生活习性。

青海省是我国藏族主要聚集地之一,藏族也是青海省少数民族中人口最多的一个民族,2010年藏族人口有137.5万人,占全省少数民族总人口的46.98%,集中分布在玉树、果洛、黄南、海南、海北5个藏族自治州和海西蒙古族藏族自治州。藏族多居住在高海拔山区和高原,从事逐水草而居的畜牧业生产,藏族的居住点分游牧点和定居点。定居点多用垒石建设房屋,犹如碉房,一般有两层,楼上住人,楼下多作畜圈或储物房,保暖性较好。游牧时则用牦牛毛织成的帐篷作为居住点,帐篷质地坚硬,冬暖夏凉,支卸、运输方便。马、牦牛、摩托车是草原牧民主要交通工具。司马迁在《史记》中提出的"天人合一",被认为是华夏文明追求的理想境界,藏族文化更是崇尚"天人合一",在海拔已经接近人类极限的高原地区,人与自然需要有内在的融洽性才能得以生存,藏族的行为选择也是环境适应的选择。

回族是青海少数民族中人数仅次于藏族的民族,2010年回族人口为83.43万,占全省少数民族总人口的14.83%。具有大分散、小集中的特点,在全省各地与汉、藏、土、撒拉和蒙古族相杂居,在小范围内,往往在农村自成村落,在城镇自成街道。回族主要分布在化隆回族自治县、门源回族自治县和民和县,在西宁城东区、大通县和湟中县亦有散居。回族主要从事农业生产,或经营商业、皮毛加工等手工业,以善烹调著称,在城镇和人口集中区,多有回族经营的饭店。回族信仰伊斯兰教,具有很强的凝聚力,在宗教和聚居关系上十分严格,长期以来"自守其固俗而终不可变"。

土族是青海特有且最古老的少数民族,2010年人口为20.44万,占全省少数民族总人口的3.63%,主要分布在互助、民和、大通以及乐都等东部河湟谷地,主要从事农业生产,土族信仰藏传佛教。撒拉族也是青海特有的少数民族,2010年人口为10.71万,占全省少数民族总人口的1.9%,集中分布于黄河谷地,水热条件较好,主要从事农业生产,其生活习俗与回族相似。蒙古族,2010年人口为10万,占少数民族总人口的1.77%,主要分布在海西蒙古族藏族自治州、河南蒙古自治县,在海东市、海南、海北藏族自治州也有零星分布。蒙古族信仰藏传佛教,崇拜自然物,追求人与自然和谐相处。

3.3 数据采集过程及处理

新时期的人-地研究逐步从单一要素和格局研究发展成多要素下复杂过程的综合集成方向,但也面临着从现代主义时代的所谓确定性向后现代主义时代的不确定性的重要转折(布蒂默,2013)。因此,开展人类活动的空间-环境效应定量研究是应对新时代地理复杂性的基础且必要的手段(宋长青等,2018)。选择典型区域,开展家庭能源消费的量化表达研究,是全面识别家庭能源消费在不同时空上的变化规律和分异特征的基础,是精准制定能源政策的科学支撑,也是合理确定相关政策实施对象的前提。本文基于问卷和半结构式访谈,对青海省 8 个市州的 498 户家庭用能信息进行调查,建立区域家庭能源消费数据库。

3.2.1 数据采集步骤

1. 整理数据

在文献综述和回顾的基础上,确立了家庭能源活动研究的关键指标体系,随后笔者在县、乡(镇)相关部门收集了资源环境、社会经济统计资料,包括《中国农村能源年鉴》《青海省统计年鉴》《海东市统计年鉴》《海北藏族自治州统计年鉴》《黄南藏族自治州统计年鉴》《海南藏族自治州统计年鉴》《玉树藏族自治州统计年鉴》以及《海西蒙古族藏族自治州统计年鉴》等,将其中涉及家庭部门的能源终端消费的信息逐项列出。此外还通过青海省电力公司、新能源公司、天然气公司等获取补充信息,如供暖信息系统数据等,为本文验证研究结果提供了重要参考。

2. 形成问卷

在文献深度分析及研究进展的基础上,初步归纳了问卷草案,并于 2017 年 4 月赴青海海晏县(牧区)、互助县(农区)、都兰县(农牧交错区)及西宁市城北区(城镇化区域)进行实地预调查,累计走访家庭 10 余家,并随后拜访了西北师范大学赵雪雁教授、青海师范大学刘峰贵教授等,根据预调查情况及专家反馈意见,对问卷结构和问题进行了修正定稿,最后形成的问卷内容主要由调研家庭基本情况、家庭能源消费结构和来源、家庭能源消费用途、能源

效用和偏好、政策机制及效应、节能意识与行为调查 6 部分组成,包含 86 个具体问题,具体如下:

(1) 家庭基本情况:包括住址、民族、家庭年总收入、收入主要来源及所占比例、家庭人口数、劳动力数、家庭成员具体情况、耕地和草场面积、饲养牛羊头数等;

(2) 家庭能源消费结构和来源:包括家庭常用能源类型、家庭最重要能源类型、家庭所用各种能源的主要获取方式等;

(3) 家庭能源消费用途:包括家庭各种能耗的主要用途、日常做饭所用炊具、各种炊具的耗能情况、家庭取暖方式和时长、家庭交通工具的使用和耗能情况、家电的使用和耗能情况等;

(4) 能源效用和偏好:包括最愿意使用的能源类型、沼气的使用情况、太阳能的使用情况、未来能源使用的偏好、生产生活中能源获取的困难程度等;

(5) 政策机制及效应:包括对家庭能源消费产生影响的政策和影响最大的政策、政策执行前后对家庭收入和各种能源使用量的影响等;

(6) 节能意识与行为:包括是否会提醒家人节电节水、对节能行为的了解程度、购置新电器是否会考虑节能因素及其原因等。

3. 确定样本

样本大小的确定主要借鉴了不同学者在全国尺度和省市级尺度开展的家庭能源调查样本数量,如中国人民大学开展的中国家庭能源消费调查(CRECS,2013)选择了 12 个代表性省份(河北、黑龙江、江苏、浙江等)共计 4 140 户家庭,平均每个省的样本量为 345 份(郑新业等,2016);赵雪雁等开展的甘南家庭能源消费调查,选择了 230 户家庭(赵雪雁,2015);孙永龙等在高寒藏区开展的家庭能源消费调查,选择了 370 户家庭(孙永龙等,2015);杨小军等开展的甘肃省和云南省少数民族家庭能源消费调查,共选择了 322 户家庭(杨小军等,2016)。考虑经济发展水平差异和地区代表性,为了减少抽样误差的累积效应及语言障碍造成的信息误差,本研究将样本量确定为 400~600 份。

4. 分层抽样

由于本文关注点为青海省农区、牧区、农牧区家庭能源消费,采用分层随机抽样法,选择了青海省西宁市、海东市、海北藏族自治州、黄南藏族自治州、海南藏族自治州、果洛藏族自治州、玉树藏族自治州、海西蒙古族藏族自治州等13个州、市,涉及了城中、乐都、海晏、同仁、共和、甘德、玉树、德令哈市等40个区、县。在牧区抽取了4个乡、农牧交错区抽取3个乡、农区抽取3个乡,每个乡选择5个村,每个村抽取10~20户家庭,农区、牧区、农牧交错区的划分参考陈琼等(2011),并根据实地情况进行调整而得。但由于农区、农牧交错区和牧区的人口密度差别较大,每个村抽样数量有所差异。

5. 开展调研

现有研究在实际调研时存在3个问题(Meyer et al., 2015),一是参与调查者意愿性不高,尤其是低收入家庭;二是信息缺失,某些问题没有答案;三是误差,问卷内容、数据收集方法、调查者行为和被调查者行为都可能导致调查误差。调查中的敏感问题也会导致信息误差,如个人收入等,调研数据可能会比实际数据要低(Tourangeau et al., 2007),同时,调查的时间越长,由于被调查者感到疲劳和无聊,数据质量也会越差(Galesic et al., 2009)。

目前主要有两种家庭能源消费调查方法。第一种是自我报告法,被广泛应用在家庭能源调查中,该方法便捷高效,且成本低,可以快速获得受访者的态度、家庭收入和支出等数据指标(Elliott, 2004),其局限性在于因受被访者缺乏知识、无法回忆或者不愿意准确回答等影响,导致调查结果误差较大。例如,记忆会随着时间而衰退,即使受访者不遗余力地想保持数据的准确性和真实性,个体在记忆、理解和表达能力上的差异也可能导致信息失真(Kasprzyk, 2005)。此外,还存在由于受访者不愿意给出正确答案而产生的误差,如关于节能调查,由于希望自己的行为被社会所肯定,受访者的实际用电量比调查用电量要高(Perlman and Warren, 1997)。第二种方法是基于账单(电费、燃气费)法,被认为是从家庭或公司等单位获取能源数据的更为可靠的方法,常被用于发达国家。然而,直接通过账单获得家庭能源消费也面临着两大问题,首先是支付模式导致的信息获取困难问题。对于采用预付模式的家庭,没有每个月的账单;对于月度支付模式的家庭,需要全年的账单来均衡季节性产生的能源消费不均衡,但很多家庭无法提供完整的12个月账单(Baldwin et al., 1977),其次是账单数据的不完整性,只能记录电力、天然气等商品能源,无法记录在农村被广泛使用的秸秆、薪柴、畜粪等传统生物质能源的数据。但作为提高能源效率的第一步,每种能源的详细使用数据至关重要(Carlson et al., 2013)。本研究对比了上述两种方法的优缺点,提出了一种多层次家庭能源消费数据核算方法,现有的研究大多直接在家庭层面收集能源数据,调研时充分调动受访者的记忆,利用电表数据,通过结构化的问卷收集能源使用设备的物理参数和使用情况等信息,这些基于设备的分解数据可以通过燃料类型和最终使用方法进一步汇总到家庭层面。

在调研之初,将能源分为电力、煤炭、液化石油气、天然气、薪柴、秸秆、牛羊粪、沼气、太阳能以及汽油和柴油,将能源用途分为炊事、取暖、家用电器以及交通出行。首先,通过入户访谈,收集家用电器物理参数数据并调查每个电器的使用信息(如图 3-5),利用电器的输出功率容量、能效等级、日使用频率和持续时间等参数,计算各电器的日能耗。然后,根据给定年份的日消费量和活动天数得出年能源消费量。最后,将每台电器的年能耗量换算成标准煤,并按各种能源类型或最终用途汇总到家庭能源数据库中。以电力消费调查为例,调查收集了基本家用电器(电饭煲、冰箱、洗衣机、电视、灯泡、热水器)的体积、输出功率、能效等级、生产年份等信息。通过搜集个人使用数据,如使用时间、使用模式、使用频率等,并以使用数据的中位数将其划分为5个等级,开展每个家庭的电力消费计算评估。该方法具有以下特点:一是获得基于微观数据的多层次数据,有助于了解家庭用能结构与需求。二是将生物质能源等国家统计数据无法计算的能源类型纳入到同一计算框架进行核算。三是相较于整体用能数据,受访者对于家用电器的使用情况更为清楚,避免了因回忆不准确造成的信息误差。实际上,这种核算方法提供了统一的家庭

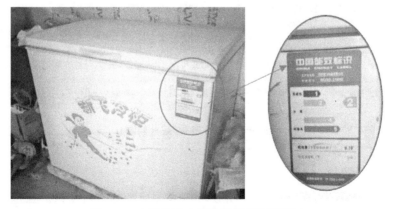

图 3-5　冰箱输出功率和能效(调研照片)

能源数据库，提高了数据获取的灵活性，扩展了数据覆盖面及应用范围。尽管基于家用电器物理参数的调查也存在普遍误差，但较于自我报告法，其偏差较小，优势主要体现在：一是回忆日常行为比回忆年能源消费量更为容易；二是物理参数通过电器的标签收集，无需受访者回忆。此外，相比直接询问能源支出，受访者有意隐藏日常生活数据的动机较小。

6. 深度访谈

在调研中，充分考虑农户的民族属性及语言差异，在薛冰老师的带领下，从青海民族大学等相关机构邀请了少数民族学生、老师作为陪同和语言翻译，共同走访。同时，为了保证对研究区域的经济社会情况和居民的能源消费情况有更深入和直观的了解，笔者对受访户、政府主管部门、乡政府和村委会等相关负责人，于 2017 年、2018 年和 2019 年先后3 次开展深入访谈调研进行深度访谈，访谈时间约为 1 小时。共走访家庭 50 个，并录制视频 9 份。第一次深入访谈和走访在青海省同仁、海晏、都兰、共和、互助、华隆、循化等县(区)开展。调研组深入走访家庭 24 户，获得样本 21 个；第二次调研走访了 28 户家庭，获得样本 19 份；第三次调研走访了 15 户家庭获得样本 10 份。完成调研日录 1.8 万余字(图 3-6)

调研日录

时间：6 月 11 日

地点：黄南州藏族自治州同仁县（扎毛乡、郭麻日村）

一、在黄南州藏族自治州同仁县扎毛乡，尽管在牧民的家门口随处可见正在晾晒的牛粪。

笔者：现在家里烧牛粪吗？

受访者 A：家里现在养的牛少了，牛粪不够用，只能自己上山再去找点牛粪。

笔者：你觉得牛粪好用吗？

受访者 A：好用，不用花钱，而且烧起来没啥味道，也安全不像煤，烧起来容易中毒。

调研发现，牛粪已经不再被当做主要家庭能源使用，现常被用于宗教祭祀。自国家实施退牧还草政策以来，政府对草原禁牧封育，牧民可放牧的草场日渐减少，拥有的牛羊数量下降，牛粪量自然随之减少，无法满足其炊事、取暖等日常用途。但牧民对牛粪作为生物质能源的功能十分认可，认为其热量高，且较于煤炭，更利于人体健康和环境保护。**视频 01**

图 3-6　调研日录(部分截图)

7. 问卷复核

由笔者亲自负责问卷审核，并由导师和薛冰老师进行复核。在审核过程中，主要是删除信息不全及语言障碍造成的信息误差问卷，最后实际使用有效问卷数量为498份,其中农区318份,牧区77份,农牧交错区103份。

3.2.2 数据标准化及预处理

调查中考虑到语言问题和保证问卷发放与填写的方便,所发放的调查问卷均为纸质中文问卷,同时,对每一份问卷发放均由掌握地方语言的大学生作为陪同翻译,以确保相关信息予以完整且准确传达给访问对象与家庭。为了便于后期统计和分析,对每一份问卷标明标号,逐一将问题和答案录入电子表格。并对录入的电子问卷进行抽样交叉核对,以确保录入准确无误。

1. 能源标准化计算

家庭能源消费以炊事、取暖以及交通为主要构成,并划分为商品能源、非商品能源、清洁能源(表3-4)。其中,商品能源主要指进入能源市场作为商品销售的(如煤、石油、天然气和电等)能源;非商品能源以秸秆、薪柴和畜粪等传统能源为主;清洁能源主要指水电、风电、太阳能、生物能(沼气)。为便于比较,本研究将各种能源用量换算成统一单位——标准煤:

$$E_i = \sum q_i r_i$$

式中,E_i 为第 i 种能源折标煤总量,q_i 为第 i 种能源原始用量,r_i 为第 i 种能源折算系数。能源的折算系数以《中国能源统计年鉴》发布的系数为据。

表3-4 家庭能源消费及折标量

	折算系数	年消费量	折标量(标准煤)	占比
电(kW·h)	0.122 9	359 080	44 131	4.03%
煤炭(kg)	0.714 3	489 900	349 936	31.94%
汽油(kg)	1.471 4	75 394	110 934	10.13%
柴油(kg)	1.457 1	4 177	6 086	0.56%
液化气(kg)	1.714 3	13 392	22 958	2.10%
薪柴(kg)	0.571	428 568	244 712	22.34%
秸秆(kg)	0.543	305 060	165 648	15.12%
畜粪(kg)	0.5	266 417.5	133 209	12.16%
沼气(m³)	0.714	600	428	0.04%
天然气(m³)	1.214	14 376	17 452	1.59%

2. 样本特征

受访户主平均受教育年限为 6 年,3 个区域农户受教育年限并无显著区别。家庭中拥有初中及以上学历的平均有 1.72 人,其中农区受高等教育水平显著高于其他区域($p=0.0000$),家庭平均 2 人以上受过九年义务教育。农户的平均家庭收入为 47 481.66 元,其中农区最低(户均 35 365 元),牧区最高(75 119.05 元)。从家庭生产资料拥有度情况来看,牧区以草场为主(户均 1 002.79 亩);农区以耕地为主(户均 6.99 亩)。牧区家庭家畜养殖量显著高于其他区域(718 头)($p=0.0000$)(表 3-5)。从民族分布看,以回族、藏族为主,共占调研人数的 66%,各民族家庭收入差异较为明显,其中蒙族最高,为 70 894 元,撒拉族及藏族家庭次之,平均收入分别为 54 000 元和 51 340 元;土族则为 28 301 元。需要特别说明的是,我们将上述信息与青海省在地高校专家、调研区域的政府部门人员等进行了报告和交流,并将之和青海省相关统计信息予以对比,他们认为问卷所反映的基本信息较为符合调研区域和青海省实际情况,能够用于开展下一步深度分析。

表 3-5 基本家庭情况

	农牧交错区	牧区	农区	合计
家庭收入(元)	47 481.66	75 119.05	35 365.22	47 200.46
人口(人)	4.31	3.72	4.31	4.20
劳动力人口(人)	2.17	2.37	2.02	2.14
户主受教育年限(年)	5.48	6.27	6.31	6.02
户主年龄(岁)	49.13	47.88	51.33	49.88
家庭高于初中学历人数(人)	1.35	1.33	2.14	1.72
家庭草地面积(亩)	223.42	1 002.79	5.09	272.51
家庭耕地面积(亩)	6.99	2.36	6.99	6.10
家庭养殖数(头)	73.16	717.55	3.01	95.19

能源消费结构与能源贫困评估

目前,全球对能源的需求量依然在持续快速增长(IEA,2018),且增长大都出现在发展中国家,被用于满足民众在照明、炊事、取暖、交通以及其他能源服务方面的众多需求(UN,2018)。对于发展中国家而言,能源议题所关注的关键领域之一即如何向其较为贫穷的国民提供更多的现代能源和技术服务,并谋求解决更为迫在眉睫的、因能源使用效率低下和过时的燃烧技术而造成的人类健康问题(UN,2019)。因此,充分识别家庭能源消费结构特征进而开展能源贫困及情景分析,是揭示能源消费活动的关键基础,并为时空分析提供支撑。

4.1 家庭能源消费结构及影响因素

4.1.1 家庭能源消费结构

当前,青海省的家庭能源消费以畜粪、秸秆、薪柴等非商品能源为主,煤炭逐渐成为主要家庭能源类别,清洁能源使用率低。在家庭能源消费总量上,牧区最高,农区最低,农牧交错区介于农区和牧区之间;农区以秸秆、薪柴为主,牧区以畜粪为主,农牧交错区兼具了农区和牧区的能源消费特征,显示了较为典型的空间差异特征;家庭非商品能源消费模式主要受能源价格、家庭规模、能源可得性、家庭收入以及受教育水平影响。

传统的家庭能源消费研究主要集中于炊事和取暖等部门(周曙东等,2009;杨小军等,2016;李旭东,2017;李国柱等,2012;赵雪雁等,2013;孙永龙等,2015;吴文恒等,2013;娄博杰,2008)。然而,随着人们出行活动半径的扩大,交通用能将会持续快速增长(中石油研究院报告,2017),笔者在预调查中也发现,随着农牧区居民生活水平的改善以及居住环境和社会交际空间的扩展,交通用能已经成为居民家庭能源消费的重要组成部分,所以在正式调研中,特别加入关于交通用能的问卷内容。

研究发现,农区、牧区以及农牧交错区家庭能源消费结构存在空间差异(表4-1)。农区家庭以非商品能源作为主要家庭能源,以秸秆、薪柴和畜粪为主的传统生物质能源占家庭能源消费总量的37.39%;牧区的非商品能源消费占家庭能源消费50%以上,以畜粪为主(48.98%)。农区的非商品能源占比最低(35.41%),以薪柴为主(17.67%)。在农区和农牧交错区,煤炭替代了传统能源,成为家庭消费的主要能源,分别占43.67%和38.43%。从家庭能源消费总量来看,牧区家庭的能源消费明显高于整体平均消费水平,农区偏低,而农牧交错区则与平均水平一致。农区与农牧区的非商品能源消费较多,占总消费均超过60%。

表4-1 三种地理类型家庭能源消费结构(kgce)

	农区		牧区		农牧交错区		合计	
秸秆	218.4	7.24%	29.95	0.70%	185.6	5.44%	170.6	5.02%
薪柴	682.1	22.63%	266.5	6.21%	603.1	17.67%	574.5	16.91%
畜粪	226.7	7.52%	2103.1	48.98%	419.8	12.30%	657.9	19.36%
煤炭	1 316.2	43.66%	745.9	17.37%	1311.8	38.43%	1 203.3	35.41%
电能	152.3	5.05%	135.9	3.17%	128.2	3.76%	141.0	4.15%
汽油	279.6	9.27%	824.7	19.21%	418.7	12.27%	432.6	12.73%
柴油	31.7	1.05%	63.44	1.48%	22.5	0.66%	34.8	1.02%
液化气	62.5	2.07%	70.28	1.64%	301.7	8.84%	143.9	4.24%
沼气	34.1	1.13%	53.8	1.25%	0	0.00%	26.5	0.78%
太阳能	11.1	0.37%	0	0.00%	22.3	0.65%	12.7	0.37%
合计	3 014.7	100%	4 293.57	100%	3 412.6	100%	3 447.6	100%

4.1.2 家庭能源用途及其分布

在使用方式和来源方面,农区能源消费主要以秸秆、薪柴的直接燃烧为主,主要通过户有农林地生产,辅以少量野外采集。牧区家庭使用牛粪用于烧炕及炊事,羊粪用于炊事,主要源自自家采集。以一户6口之家的藏族牧民家庭为例,在冬天,因有取暖需求,牛羊粪使用量为7 500 kg,而夏天的使用量明显减少,约4 000 kg。而实地调研中发现,传统能源使用受退耕还林、退牧还草等政策影响,其供给量呈下降趋势(畜粪、秸秆等),农户不得不转向商品能源以满足家庭能源需求,这一现象在赵成章等(2010)研究中也得到了印证。

表 4-2 家庭能源消费总体情况

能源类型		获取途径	主要用途	技术类型	使用率			
					农区(%)	牧区(%)	农牧交错区(%)	总体(%)
非商品能源	秸秆	自家农林生产为主;少量野外采集及购买	炊事、供暖	直燃	52.66	8.14	38.10	39.09
	薪柴	自家农林生产;野外采集	炊事、供暖	直燃	64.25	20.93	54.42	52.50
	牛粪	自家畜粪采集;野外采集	炊事、供暖	直燃	38.16	76.74	64.63	54.54
商品能源	电力	购买	炊事、日常家用	直用	97.58	96.7	97.96	97.95
	煤炭	购买	炊事、供暖	直用	88.41	60.47	93.20	84.54
	汽油	购买	交通	直用	71.01	87.21	75.51	75.68
	柴油	购买	交通	直用	31.88	15.12	21.09	25.00
	煤气	购买	炊事	直用	20.77	12.79	23.13	20.00
清洁能源	沼气	粪便发酵	炊事、供暖	直燃	4.35	2.32	0.0	2.50
	太阳能	太阳辐射	炊事、照明	热利用	8.21	0.0	23.81	11.82

研究区域的商品能源总体使用占60.6%,使用类型主要包含电力、煤炭、汽油、柴油和煤气,电力用于炊事和日常家用(近年来也用于取暖如电热毯,用于交通如电瓶车),煤炭用于炊事和供暖,煤气用于炊事,而汽油和柴油则主要用于交通(表4-2)。调查发现,农牧交错区已经实现100%通电,区域电力平均接入率达到97.9%,这主要得益于政府在1998年到2002年间推出的以农网改造为主的配网投资工程,基本解决了农村电网落后的问题,但仍有少数牧区家庭没有通电,主要使用政府补贴购买的太阳能电板发电。退耕还林政策是促进能源消费电力化的重要动力。例如,因为实施退耕还林政策,部分村庄集体搬迁,从而促使居民的能源消费由传统能源转向电力。以互助县土族的家庭为例,2017年集体搬迁之前,居民家庭能源消费以羊粪和秸秆为主,电力主要作为羊粪与秸秆的替代;因为实施退耕还林政策而搬迁之后,家庭用能则基本完全转向电力消费。

近10年来,随着经济活动的空间范围扩展,居民出行频率增加,交通能源支出逐年增加。能源增加量主要体现在用于小轿车和农用车的柴油与汽油消费,及少量用于电瓶车的电力消费。结果显示,80.1%的受访农户家庭产生汽油消费,其中牧区最高,使用率为93.3%。柴油使用率相比汽油较少,使用率为24.7%,也是牧区最高(36.7%)。主要原因:一是牧民逐渐以摩托车等代替传统的骑马放牧,导致汽、柴油使用增加;二是受政府购房补贴及获得优质教育需求等因素影响,牧民家庭选择在城镇购买房屋,但主要供老人与儿童居住,而牧民(以年轻人为主)则留在牧区放牧。因往返于牧区与城镇,其交通能源消费有所增加。以海北藏族自治州茶卡镇为例,60%的牧民在镇上购买了房屋,牧民每周往返一次牧区,来回80公里,汽、柴油的消费由此增长。此外部分村位于偏远地区,公共基础设施薄弱,且远离市场,居民需要自行驱车从区外购买商品,这不仅导致商品能源消费成本增加,降低了居民对商品能源需求,还增加了交通能源的消费量。

煤炭是家庭重要商品能源来源之一,总体使用率高达86%,特别是在农区及牧区,使用率均超过或趋近90%。近年来的国家政策间接地推动了农村家庭煤炭的使用。例如,由于"退牧还草"政策的实施,牧区畜类养殖量减少,畜粪不足以满足日常需求,居住于采煤区附近的家庭,因其具有获得煤炭的便利,逐渐使用煤炭替代传统能源。

农牧交错区具有区位优势,传统生物质能源的可得性较高,导致向现代清洁能源转型困难。在农牧交错区,由于其距离牧区较近,最近的一个村庄离牧区仅有 10 km,畜粪的运输较为便利,当地居民选择购买牧民的畜粪作为家庭能源,价格为 0.24 元/kg,较煤炭和电力价格更低,从而导致传统生物质能源长期占据炊事和取暖的主体。

调研发现,目前调研区域的太阳能和沼气的使用率较低,分别不到 3% 和 12%,农牧交错区家庭太阳能使用率较高(23%)。调研区使用的太阳能光伏发电系统由太阳能板、蓄电池和充电控制器组成,但受太阳能的蓄电池容量和电压限制,居民只能使用电灯等低功率电器(图 4-1)。沼气的实际使用率比其建设率低,虽然部分家庭建有沼气池,但因密封性不佳、气味外溢等技术性问题,农户往往弃之不用。

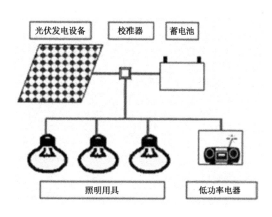

图 4-1 太阳能家庭系统组件①

4.1.3 非商品能源需求的影响因素

非商品能源在燃烧过程中会排放较多污染气休,影响使用者(特别是家庭主妇)的身体健康,也是造成家庭室内环境较差的重要原因(Shen et al.,2010)。因此,对非商品能源需求的影响因素进行研究,探索煤炭等商品能源及太阳能、沼气等清洁能源对非商品能源的替代效应,有利于了解青海省农牧区家庭能源消费转型现状,并为其向清洁能源的转型提供科学支撑。由于样本中 80 户家庭的非商品能源消费为 0,因此选择建立 Tobit 计量模型,研究影响家庭非商品能源需求的主要因素。模型如下:

$$Y = \alpha + \beta_i X_i + \varepsilon \qquad (4-1)$$

---

① https://www.iea.org/reports/world-energy-investment.-2018

式中:Y 表示家庭非商品能源消费量,即以标准煤为单位统一核算后的薪柴、秸秆、畜粪消费量总和(吨标准煤),α 是常数项,$β_i$ 是待估计参数,X_i 为家庭能源消费的第 i 种影响因素,并划分为替代变量:家庭基本特征、区域特征及民族特征三大类(表 4-3),ε 是随机干扰项。

表 4-3　自变量及样本信息

		MEAN	S.D	MIN	MAX
H1	家庭总收入(2017 年;万元)	4.72	4.27	0	40
H2	耕种收入在家庭总收入中的比例。以 25% 为梯度范围,对收入占比进行范围划分,即 0=0%;1=1~25%;2=26~50%;3=51~75%;4=76~100%	1.56	1.47	0	4
H3	牧业收入在家庭总收入中的比例;具体划分如 H2	0.86	1.33	0	4
H4	家庭总人口	4.20	1.14	2	8
H5	家庭劳动力人口	2.14	0.78	0	5
H6	户主年龄	49.96	12.21	23	89
H7	户主受教育年限	6.00	3.71	0	16
H8	家中受过九年义务教育以上教育的人数	1.71	1.23	0	5
H9	草地面积(亩)	273.22	556.66	0	3 000
H10	耕地面积(亩)	6.22	6.19	0	40
X1	煤炭价格,为了估计其对非商品能源的替代效应,对其取对数;此处的煤炭价格为县级水平的平均价格	6.68	0.09	6.68	7.13
X2	=1,家中有太阳能;=0,家中无太阳能	0.12	0.32	0	1
X3	=1,有沼气池并有使用;=0,无使用沼气池	0.47	0.50	0	1
R1	为一组区划的虚拟变量(农区,牧区)				
R2	为一组代表民族的虚拟变量(藏族、蒙族、土族、回族)				

通过收集数据分析，变量的估计参数及在统计上的显著性水平均保持一致（表4-4）。

表 4-4　模型估计结果

变量	(1)	(2)	(3)
煤炭价格	0.035 (0.039)	0.098 (0.147)	−0.140 (0.040)
太阳能	0.420 (0.386)	0.285 (0.369)	0.365 (0.357)
沼气池	−1.596** (0.809)	−0.848 (0.566)	−1.018* (0.581)
耕种收入在家庭总收入中的比例	0.148* (0.084)	0.064 (0.095)	0.074 (0.082)
牧业收入在家庭总收入中的比例	0.710*** (0.257)	0.437*** (0.149)	0.420*** (0.137)
收入		−0.143*** (0.037)	−0.140*** (0.040)
家庭总人口		0.214* (0.129)	0.208 (0.142)
劳动力人口		0.051 (0.169)	0.018 (0.167)
户主教育水平		−0.079*** (0.029)	−0.080*** (0.027)
家中高教育人数		−0.017 (0.116)	−0.046 (0.128)
户主年龄		0.015 (0.011)	0.016 (0.010)
草场面积		0.002*** (0.000 6)	0.002*** (0.000)
农地面积		0.037** (0.018)	0.034* (0.018)
区域划分			

(续表)

变量	(1)	(2)	(3)
民族差异			
Log pseudo-likelihood	—923.112 3	—894.801 4	—892.906 0
F 值	21.16	71.56	162.89
Prob>F	0.000 0	0.000 0	0.000 0
观测值	439	437	437

注:1. 在县城水平上对标准误差进行了调整,括号内的数值为调整后的标准误差。
2. ＊＊＊为 $p<0.01$,＊＊为 $p<0.05$,＊为 $p<0.1$。

现有研究显示,煤炭价格的增加会对非商品能源的消费需求产生正向影响(Fan et al.,2007)。然而研究区域的煤炭的替代效应并不显著,分析认为青海的人文地理特殊性削弱了煤炭对非商品能源消费的替代作用,资源可得性是影响居民煤炭需求的重要因素(魏楚等,2017),而青海省农村地区地广人稀,居民对煤炭的需求不仅受市场价格影响,还受到购买成本的制约,在一定程度上削弱了煤炭对非商品能源消费的替代作用。此外,沼气对非商品能源消费有明显的替代作用,沼气池的建立与使用,会降低农户对非商品能源的需求,这一点与杨小军等对甘肃省和云南省少数民族地区的研究结果一致。因此,在农村地区推广沼气池是实现能源转型的可能路径之一。然而如果沼气池技术问题不能突破,建了沼气池但却不使用的负面示范效应将阻碍沼气以及其他清洁能源的推广。

从非商品能源原料获取机会成本来看,农业收入(牧业与耕种)在家庭总收入占比对非商品能源消费有正向作用,农业收入占比越高,其获得非商品能源原料的机会成本越低,则越有可能消费更多的非商品能源。同时,农业收入越高,劳动力在家的时间越长,意味着需要更多能源满足炊事与取暖需求(Leach,1992)。

从家庭基本特征来看,收入水平对非商品能源的使用有显著负向影响,即收入增加会降低家庭对这一能源的需求,使其转向商品能源或清洁能源消费。这一点与现有研究一致,即低收入群体会更多地使用传统能源,而随着收入的增加,会更多地使用商品能源或清洁能源(Hosier et al.,1993;

Démurger et al.，2011)。在收入增长初期,收入的增长会带来能源消费总量的增长,同时伴随传统能源使用量的增长,在这一时期,传统能源作为生活必需品存在(Chen et al.，2006),而随着收入及家庭财富的增长,能源消费总量增长的同时,其替代能源即商品能源及清洁能源的使用增长,而传统能源(如薪柴等)作为低质能源,其消费需求降低,家庭对传统能源的依赖下降。但是,当草地面积与耕地面积越大,意味着家庭获得非商品能源原料的机会成本低。家庭人口数越多,非商品能源消费越多。随着人口总数的增长,能源总消费增加,而传统能源相应增加。此外,户主的受教育水平对家庭传统能源消费有显著负向影响。

4.2 能源贫困内涵与方法

4.2.1 能源贫困内涵

能源贫困是世界能源系统面临的三大挑战之一,制约了人类社会的可持续发展(Benjamin et al.，2012),能源贫困也是评估家庭能源消费的本底信息。在经济全球化和信息化快速推进的今天,2016 年,全球仍有 9 亿人口无法获得电力服务,仍有超过 30% 人口的生活用能以固体燃料为主。能源贫困引发的一系列问题正从性别、能源效率和空气污染等方面制约着经济社会发展(IEA，2017),因此受到了国际机构、各国政府以及研究学者的关注,2016 年,联合国的《2030 年可持续发展议程》("*Transforming our World*：*the 2030 Agenda for Sustainable Development*")发布,提出"人人都有机会获得可负担起的、可靠和可持续的现代能源(*Ensure access to affordable, reliable, sustainable and modern energy*)"(UN，2015)。世界银行也持续开展研究以解决能源贫困问题,并在 2017 年出版了《全球可持续能源跟踪框架》("*Global Tracking Framework 2017 - Progress Toward Sustainable Energy*"),呼吁扩大现代能源服务的受益者,提高能源效率,扩大可再生能源的应用(World Bank，2017)。IEA 首席经济学家 Birol(2007)呼吁能源经济学界重视能源贫困问题,国家政府也正通过风能和太阳能等可再生能源的使用解决能源贫困问题,其中包括可持续能源政策和鼓励扩大电力供应的财政政策。例如,中国政府发布的《能源发展"十三五"规划》提出了"完善居民用能基础设施。统筹电网升级改造与电能替代,满足居民采暖领域电能替代"。

能源贫困的表现形式主要为缺乏获得现代能源服务的机会和缺乏支付能源的经济能力。基于此,国际上将其分为两大类,即燃料贫困和能源贫困。John Hills 将燃料贫困定义为"当为满足基本生活需求而支付的生活能源成本高于社会平均水平,剩余收入低于官方经济贫困线时"(Hills,2002),并得到了英国政府的认可。随后,作为调查燃料贫困的领导者,英国政府自 2011 年以来每年发布一份燃料贫困统计报告,明确提出要在 2016 年消除燃料贫困的目标(DECC,2016)。国际能源署编制了各类指标用以评估发达国家的能源贫困水平,并将能源贫困定义为"缺乏现代能源服务,在炊事时无法使用清洁能源和炊事炉灶(*A lack of access to modern energy services. These services are defined as household access to electricity and clean cooking facilities. For instance, fuels and stoves that do not cause air pollution in houses*)"(IEA,2019)。然而,发展中国家没有国际公认的能源贫困测量标准(Rademaekers et al.,2016)。中国能源贫困概念是在国际能源贫困模型的基础上提出的,对生物能源的依赖仍然是能源贫困的重要表现之一(赵雪雁等,2018)。

能源贫困问题研究始于 20 世纪 70 年代,在过去的 20 年里,学界和政策制定者愈发关注能源贫困问题。获取电力服务在农村经济发展和减缓贫困中扮演重要角色,电力的不可获取将制约工业发展,同时也会限制现代农业改革进程,如能源贫困阻碍教育水平的提高,学龄儿童由于花费大量时间收集传统生物质能源,而导致学习时间缩短。中国同时存在能源贫困和燃料贫困两类问题(廖华等,2015)。中国人口众多且区域发展不平衡,自然地理、社会经济、资源禀赋以及文化特征差异导致能源消费存在巨大差异,能源消费机会也存在不平等,贫困人口,尤其是边远地区少数民族在能源服务可得性、清洁性等方面面临较大挑战(Wang et al.,2015;Tang et al.,2014)。因此,相较于其他国家,中国的能源贫困问题更为错综复杂(Pereira et al.,2011;Chen et al.,2017)。中国农村家庭能源以传统生物质能源为主,部分现代能源可获得性低,导致能源贫困较为严重;中国家庭生活能源价格持续上涨,家庭用能支出逐渐增加,部分家庭的生活用能可支付性差,导致了燃料贫困问题。本研究进一步深化了现有的能源贫困线概念,并在此基础上确定了能源消费份额对收入不敏感的阈值,为改善能源贫困人口的能源可持续发展提供了科学依据。

4.2.2 能源贫困测量方法

学界制定了多种方法评估能源贫困(González-Eguino,2015)。例如,国际能源署(IEA)基于人类发展指数,提出了评估能源贫困的能源发展指数(energy development index,EDI),主要用来定期监测和总体评估各国的能源贫困状况。其指标主要包括人均能源消费量、居民人均用电量、现代能源在居民总用电量中所占比例(%)、电力可得人口所占比例(IEA,2010),该指标为不同国家间的比较和能源政策的制定提供了一个可行的评估方法。但尽管 EDI 反映了能源向现代燃料系统发展的趋势,国际能源署提供的多维能源贫困指数(multi-dimensional poverty index,MPI)可直接用于测算能源贫困人口比例和能源贫困人口的贫困程度。然而,这两个指数都主要侧重于家庭现代能源的可得性,而没有充分考虑其他因素,如生物质能源的使用,而生物质能源是发展中国家家庭能源的重要组成部分(UN,2018)。

与建立在多个变量和复杂计算基础上的指标不同,另一种用于估计能源贫困的方法是基于最低能源需求水平的单一指标。那些不能达到最低水平的人被认为是缺乏能源的。例如,许多国家,尤其是在欧洲,10%被定义为家庭总收入中能源支出的最大份额的临界点,这意味着那些在能源上花费收入不到10%的人口为非能源贫困人口(EU,2018)。然而,能源消费发生在特定区域(Barnes et al.,2011),受能源价格、传统文化等多重人文社会因素影响,难以用单一指标测算。因此,根据研究区域的具体情况确定贫困线十分必要。Barnes 用 OSL 模型计算了孟加拉国家庭基本能源需求量并将其作为评估该国能源贫困现状的标准阈值,他提供了一种新的方法来定义能源消费的临界点:即低于此点,能源消费随着收入的增加而缓慢增加;高于此点,能源消费和家庭收入呈正相关关系,直到达到第二个点,能源消费将不会按比例增长,即收入增加了,但其能源消费支出不变。第一点定义了能源贫困线,能源用于维持基本生活需求;第二点是理论饱和点,作者的研究区域——孟加拉国的实际情况远未达饱和状态。在得到了几个家庭和村庄的变量后,使用回归来估计家庭能源需求对人均收入的敏感性。回归中包括 10 个收入十分位数,平均能耗是最后一个收入十分位数,当收入和能源之间没有显著关系时,则被定义为贫困线。这种方法创造性地解决了环境多样性的问题,并结合了能源消费方式、资源地域特点、能源价格以及能源政策特征,适用于大多数的气候和社会经济情况,应用范围更广泛。由于其考虑了时空特殊性和差异性,能够得出更适合具体情况的贫困线。

需要指出的是,在孟加拉国,电力可得性较低,能源贫困问题较为严重,而我国青海省在家庭能源支付能力和能源效率以及能源服务可得性方面要好很多,电力覆盖了 95% 以上的农村家庭,能源贫困指数较低(Wang et al.,2015)。基于此,本研究将能源贫困的概念从满足生活的最低能源需求扩展到广义需求上,包括商品能源的可支付性等,开展能源支出与家庭收入关系的研究。

4.3 青海省能源贫困测量

根据 EDI 的 4 个指标,电能是区分能源贫困和非能源贫困的一个重要特征,然而青海的电力普及率已经达到 97%,因此基于 EDI 的能源可得性来评估能源贫困是不合适的。为此,本章节通过研究能源支出占比与家庭收入之间的关系,利用总支出中的能源占比来估计能源贫困。使用模型 1 来估计家庭能源消费对其家庭收入的敏感度。已有研究证明,收入是影响家庭能源消费和结构的关键因素。收入的增加首先伴随着家庭能源消费的增加,然后从生物质能源的消费转向商品能源(Sylvier and Fournier,2011;Chen et al.,2006),较高收入家庭比低收入家庭更容易实现能源转型,而低收入家庭则更依赖传统生物质能源(Leach,1992;Hosier & Kipondya,1993)。

在模型 1 中,以 x_i 指家庭 i 的控制变量的列向量,包括家庭规模、劳动力人口、户主教育水平、户主年龄、煤炭价格和农业土地资产,耕地和草地面积被用作家庭财富表征。还包括两个虚拟变量,以表明家庭获得清洁能源(即沼气和太阳能),以及煤炭价格。因变量 y_i 为模型 1 中家庭收入的总能源份额(包括交通),而本研究使用能源支出的百分比,不包括家庭收入中的交通耗能,作为模型 2 中的因变量,ε_i 是误差项。

$$y_i = x'_i\beta + D'_i\gamma + \varepsilon_i \tag{4-2}$$

结果表明,对于没有交通能源使用的能源占比(模型 2),从第 5 个收入十分位数开始,家庭收入不再对能源份额产生重大影响,这意味着现代能源消费已经满足了家庭需求,收入增加不会按比例增加能源的使用。第四收入十分位数的平均能源份额为 6.88%,可以被视为能源贫困和能源非贫困的门槛。对于总能源份额(考虑交通时),阈值在第五收入十分位数,即 13.31%(表 4-5)。

表 4-5 家庭能源需求测算

解释变量	模型 1		模型 2	
	能源百分比		能源百分比(取暖/炊事)	
	回归系数	t-统计量	回归系数	t-统计量
家庭收入	−0.002 3	−1.81	−0.001 5	−1.83
家庭规模	−0.003 7	−0.78	−0.001 4	−0.30
劳动力人口	0.000 4	0.06	−0.001 6	−0.29
户主教育水平	0.000 9	0.74	−0.000 4	−0.39
户主年龄	0.000 9	1.79	0.000 8	1.60
耕地面积	0	0.14	−0.000 1	−0.90
草场面积	0.007 1	0.45	0.013 6	1.34
电器数量	0.008 9	4.68	0.005 5	3.45
煤炭价格(人民币/吨)	0.036	0.69	0.103 0	3.35
是否使用太阳能(1=有;0=无)	−0.018	−1.61	0.003 2	0.55
是否有沼气池(1=有;0=无)	0.013 9	0.70	0.006 1	0.33
收入十分位(不包括第 10 个十分位数)				
第一	0.249 7	7.15	0.222 7	7.81
第二	0.162 3	4.79	0.134 6	5.58
第三	0.077 4	3.03	0.064 7	5.08
第四	0.051 1	2.08	0.026 6	1.80
第五	0.050 3	1.99	0.008 2	0.61

(续表)

解释变量	模型1 能源百分比		模型2 能源百分比(取暖/炊事)	
	回归系数	t-统计量	回归系数	t-统计量
第六	0.021 7	1.01	0.009 0	0.72
第七	0.021 7	0.94	0.009 3	0.77
第八	0.023 3	1.13	0.007 4	0.74
第九	0.001 5	0.11	0.005 5	0.72
Cons	−0.227 1	−0.66	−0.706 4	−3.42
观测值	439		439	
调整 R^2	0.474 8		0.581 5	

注：在县城水平上对标准误差进行了调整，括号内的数值为调整后的标准误差。

4.3.1 基于现实情景

研究中被定义为能源贫困的人群实际上比能源非贫困人群(2 432 kg 标准煤)消费更多的能源(3 121 kg 标准煤)，这再次证实了传统的用于评估家庭能源支出与家庭收入关系的方法不符合青海实际情况。Pachauri 和 Jiang (2008)发现，在中国，虽然低收入家庭消费的能源总量更多，但这类群体也更依赖生物质能源和煤炭，而这被认为是低效的能源消费模式(Niu et al., 2019; Pachauri & Jiang, 2008)。这一现象与本研究的模型结果一致，相较于非能源贫困家庭，能源贫困家庭的能源消费总量更多，能源支出也更多(图 4-2)。然而，能源贫困家庭的固体能源消费(如生物质能源和煤炭)占家庭能源消费结构比重明显高于能源非贫困家庭。因此，家庭能源消费总量和能源可得性不是识别能源贫困和能源非贫困的关键指标，而清洁高效的现代能源的使用成为衡量能源贫困的关键指标，研究结果显示青海省家庭的生物质能源利用仍占主导，家庭能源消费模式仍需转型。

清洁能源使用方面，能源贫困与非能源贫困人口之间的人均沼气年消费量没有显著差异($p = 0.760\ 7$)，但两组之间人均太阳能消费存在显著差异($p = 0.012\ 1$)，尽管两组的消费量都比较低(能源贫困人口人均消费 575 kg 标准煤，非能源贫困人口人均消费 229 kg 标准煤)。

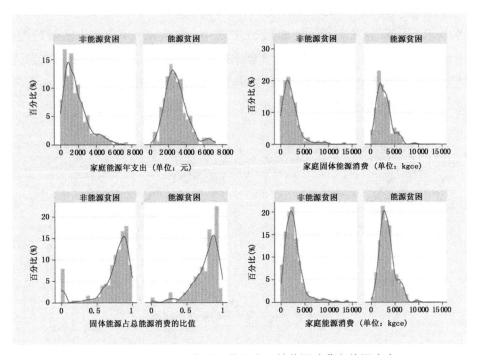

图 4-2 能源贫困和非能源贫困人口的能源消费和能源支出

4.3.2 基于以电取代固体能源的情景

为了解决那些根据计算定义为非能源贫困人口实际上高度依赖固体能源的问题,本文设定了一个情景,所有固体能源消费都被电力取代。考虑到青海的电力可得性为98%,这一假设具有可行性。在情景 A 中,研究首先计算了每个家庭的生物能源消费总量,单位为 kg 标准煤,然后为每个家庭分配相关电力以取代生物质能源消费。同时,计算其他能源消费量,并将其折算到家庭能源消费总支出。研究在以下情景中建立了家庭收入中的能源份额数据库:在情景 A 中,用电力消费量取代生物质能源的消费量。将调整后的家庭收入能源份额与之前定义的能源贫困线(即不包括交通能源支出的6.88%,包括交通能源支出在内的13.31%)进行了比较,以确定新情景中的家庭能源贫困状况。在情景 A 的基础上进一步建立了情景 B,其中所有的煤炭消费被电力替代。因此,在情景 B 中,所有低效固体能源的消费都被更有效的电力替代。

如图4-3所示,考虑交通用能时,能源贫困率从42.1%增加到52.8%,不考虑交通用能时,从41.9%增加到57.2%。该能源贫困率更符合实际情况,考虑到直接使用生物质能源对人体健康产生的负面影响,以使用现代能源为主要家庭能源转型方式应成为关注重点。如用清洁能源技术(沼气或太阳能)替代生物能源消费,有助于缓解日益严重的能源贫困压力。

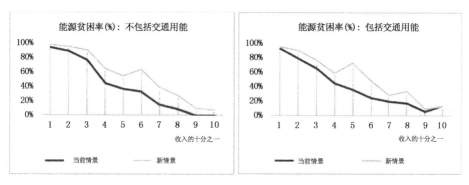

图4-3 不同情景下的能源贫困率

4.3.3 能源贫困和收入贫困

根据上述能源贫困线和政府设定的收入贫困线(人均年收入3 256元),样本可以分为4类:收入贫困和能源贫困人口;非收入贫困人口和能源贫困人口;非收入贫困人口和非能源贫困人口;收入贫困和非能源贫困人口。总体而言,收入贫困家庭大多为能源贫困家庭,但其占比均较低(基准情景下为1.81%,情景A下为0.68%)。情景A和情景B的变化主要表现在非收入贫困的能源贫困人口中,这一群体在基准情景中占比为24.77%,高于既是能源贫困又是收入贫困的家庭(17.05%),在情景A中(所有生物质能源都被电力替代)上升至41.14%,为此,建议制定政策时更多关注这一群体,而不仅只关注收入贫困人口(图4-4)。

研究基准情景(情景B)中能源贫困家庭特征发现,这类家庭成员平均年龄更高、人均收入更低、人均耕地(草地)面积更少以及人均受教育程度更低,能源贫困中固体能源的消费占比更高,将导致其面临更高的健康风险。例如,在西藏,利用生物质能源开展炊事活动,严重加剧了室内空气污染,威胁

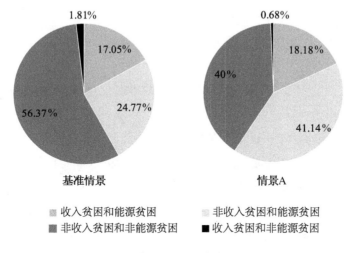

图 4-4 基于不同情景的收入贫困和能源贫困人口

到家庭成员健康(Ping et al., 2011),从而导致生产效率低,增加额外医疗费用,从而加剧贫困程度。青海省家庭也较易受到上述健康和经济负面影响。分析能源贫困但非收入贫困人口的收入情况表明,这一群体主要由收入水平在第三和第四收入十分位数构成,占总收入的56%。相反,在情景A中,新增的能源贫困但非收入贫困群体主要是收入较高的十分位数(4~7分位数),见图4-5。

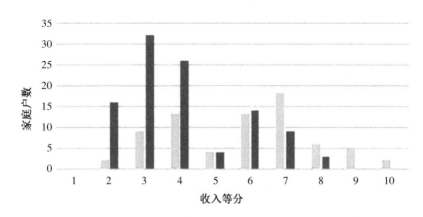

图 4-5 两种情景中的能源贫困人口和非收入贫困家庭收入水平

4.4 小结

能源贫困的测量是能源消费调查研究的本底信息,也是能源扶贫政策决策的基础。由于资源禀赋和气候条件的巨大差异,以及跨区域的社会经济背景的多样性,很难用单一的能源贫困线来评估能源贫困。本研究结合青海省的情况,将能源份额对家庭收入的敏感性作为指标以确定能源贫困线,提供了基于环境差异性的能源贫困评估方案。为了解决所确定的非能源贫困实际上高度依赖于固体能源使用这一问题,本研究采用了用电力替代固体能源消费的方案,结果表明青海超过50%的农村人口为能源贫困人口。能源贫困从经济、健康和社会发展方面给青海省农牧民的现代生活带来了负面影响。

从经济发展来看,低收入家庭为满足家庭基本需求需要比高收入家庭支出更高的能源费用,使其长期处于经济贫困状态;从健康角度看,能源贫困家庭成员长期生活在室内温度过高或过低的居住环境中,发病率较高。从社会发展方面来看,能源贫困影响了房屋居住率,阻碍了城镇化进程。

研究表明,作为能源可得性最优省份之一(Wang et al., 2015),青海农村的家庭摆脱了获取能源的基本问题,但其挑战是如何在维持家庭生活水平的同时引导家庭向现代能源的过渡。

5 家庭能源消费的空间分异特征

> 地理学的全部实践和哲学，都依赖于用以研究客体和事件空间分布的概念框架的发展。
>
> ——David Harvey

地理学视角下的人-地关系研究，其重要特色即是以地域为单元（吴传钧，1998），并因社会发展而不断地赋予人-地关系新的时代内涵（李小云等，2018）。区域研究是地理学悠久而重要的传统，是体现自然和人文相结合的重要层次和有效途径（黄秉维，1944；郑度，1998），在可持续发展研究中，"抓住典型区域研究，深化地域分异规律认识，是与国际接轨、连接全球的桥梁"（郑度，1998）。本章主要基于家庭能源调查数据，以牧区、农区和农牧交错区为主要空间地域对象，围绕家庭能源消费结构、量化家庭能源用途、能源重要性认知以及能源可得性来探明家庭能源活动的空间分异特征。

一般而言，家庭能源消费活动是指家庭日常生活所消费的各种能源，主要反映在炊事、供暖、交通和家电四方面（Jiang et al.，2019；Wu et al.，2019）。家庭收入是我国家庭能源消费的变化驱动力，88%的变化可以用人均年收入这一指标解释（陶澍，2018），但由于不同收入的农、牧民生计策略不同，其家庭能源消费结构也存在差异（赵雪雁等，2016）。本研究参考青海省统计年鉴（2012）中采用的收入等级划分方法，依据调研区域的农、牧家庭人均年收入水平[①]，将调查对象按照户人均年收入进行由低到高排序，进而按照调查户数五等分比例依次分成低收入、中低收入、中收入、中高收入、高收入等5组。在能源类型分析过程中，本研究根据能源在流通领域的地位，将

[①] 2017年，青海省农、牧民人均可支配收入为9 460元，调研区（农区）人均年收入为7 709元，人均年收入最低为800元，最高为50 000元，中位数和众数均为5 000元。

其划分为商品能源和非商品能源,并根据能源燃烧使用方式及燃烧后产生的环境效应,将非商品能源分为传统能源(薪柴和秸秆)和清洁能源(沼气);将商品能源分为低质商品能源(煤炭)和高质商品能源(电能和液化气)(娄博杰,2008)。需要关注的是,政策是影响家庭能源消费的主要外部因素(Xue et al.,2010),为设计合理的能源政策和干预措施,本研究对家庭能源消费认知、能源重要性选择以及能源可得性开展研究,以期充分了解家庭能源消费可持续状况。

5.1 牧区家庭能源消费活动特征

牧区是气候变化的主要敏感带和脆弱区之一(科技部,2011),具有太阳辐射强、热量条件分布差异大以及降水分布不均等气候资源特点和人均可支配收入低、人口密度低以及少数民族集中聚集等社会经济特征(韩鹏等,2016)。牧民是牧区的最基本经济社会单元,在长期的游牧生活中牧民形成了独特的家庭能源消费模式,如周曙东等(2009)对 2006 年内蒙古牧区家庭能源消费研究发现畜粪比重最大,且太阳能利用广泛;徐增让等(2015)分析了 1988 年至 2010 年藏北牧区家庭用能,发现牛粪燃用占藏北家庭能源的 60%~80%,同时畜粪燃料对脆弱的生态环境产生了明显的干扰;孙永龙等(2015)发现甘南牧区家庭能源以畜粪等生物质能源为主,大部分牧民的家庭能源消费仍停留在满足基本需求的状态。实际上,牧区家庭的能源利用方式,不仅关系到生活质量的改善和生态安全的保障,还影响到牧区的政治稳定(国务院,2011),但由于不同牧区的家庭在能源消费方面存在明显差异,牧区家庭能源消费研究一直处于广度不够和深度不足的状态。青海省是我国五大牧区之一,2017 年畜牧业产值占农林牧渔业总产值的 50%。本文研究的牧区主要分布在青海省东部和中西部地区,包括囊谦、班玛、达日、甘德、玛沁、兴海、共和、刚察和祁连等以牧业为主的兼业区;天俊、玛多、曲玛莱、治多、杂多、大柴旦、冷湖、茫崖等纯牧业区(图 5-1)。

调研完成问卷 98 份,实际使用有效问卷 77 份。调研区最低海拔

3 169 m，最高海拔 4 750 m，平均家庭人口 4.1 人。牧民的平均家庭年收入为 70 134 元（表 5-1），是青海省农村地区的 1.67 倍，这与牧区家庭的牲畜拥有量和国家的草原生态保护补助奖励有关（王孝发等，2012）。牧区家庭收入水平相差较大，高收入家庭年收入是低收入家庭的 8 倍多（表 5-2）。家庭劳动力情况与家庭收入情况相关，各收入分组家庭的非劳动力人口与家庭收入情况呈负相关。家庭户主平均受教育年限为 5 年，平均家中有 2 人受过 9 年义务教育，受教育水平偏低（表 5-3）。

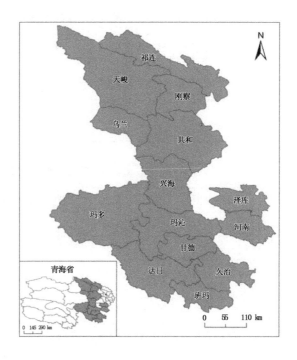

图 5-1　牧区调研区域图（部分）

表 5-1　牧区问卷分布及基本情况（部分）

州/市	县	平均海拔（米）	家庭年均收入（元）	家庭平均人口（人）	户均草地（亩）
海北	刚察	3 550	64 000	5.1	1 513
	祁连	3 169	96 357	3.9	1 407
海南	共和	3 200	38 815	4.0	75
玉树	杂多	4 200	98 857	3.6	614
	囊谦	4 750	98 273	3.9	9
海西	乌兰	4 000	24 500	4.0	200
平均数		3 812	70 134	4.1	549

表 5-2　牧区家庭收入分组

	低收入组	中低收入组	中等收入组	中高收入组	高收入组
人均年收入(元)	3 000～6 250	6 251～10 000	10 001～16 700	16 701～25 000	25 001～50 000
家庭数量(户)	15	16	15	16	15

表 5-3　牧区家庭收入各组概况

收入分组	低收入	中低收入	中等收入	中高收入	高收入
家庭收入(元)	16 933	33 375	59 733	86 125	124 333
家庭规模(人)	3.73	4.25	4.53	4.13	3.60
非劳动力人口(人)	2.06	2.25	2.20	1.94	1.80
户主受教育年限(年)	5.20	4.13	3.00	5.06	7.47
高于初中学历人数(人)	1.53	2.19	1.60	1.88	2.00
户主年龄(岁)	45.87	51.56	50.13	47.69	48.87
家庭草地面积(亩)	200	64	586	1 125	627

5.1.1　家庭能源消费结构

牧区家庭能源消费主要包括畜粪、煤炭、薪柴和汽油,其中畜粪和煤炭为主要使用能源,占比64.06%和16.27%(表5-4)。按照能源品种分,商品能源占比28.39%,生物质能源占比71.60%,清洁能源占比61.45%。总体而言,青海能源消费结构与我国其他牧区类似。

表 5-4　牧民家庭能源消费数量和结构

收入分组			低收入		中低收入		中等收入		中高收入		高收入	
能源类型			kgce	%	kgce	%	kgce	%	kgce	%	kgce	%
非商品能源	传统能源	薪柴	4 711	15.73	16 079	13.47	8 661	7.25	10 858	9.56	6 350	8.23
		秸秆	14	0.05	33	0.03	144	0.21	231	0.21	498	0.65
		畜粪	21 950	73.31	87 750	73.49	90 800	57.61	65 450	57.61	15 600	20.21

(续表)

收入分组			低收入		中低收入		中等收入		中高收入		高收入	
能源类型			kgce	%	kgce	%	kgce	%	kgce	%	kgce	%
商品能源	低质商品能源	煤炭	2 214	7.39	8 929	7.48	13 215	11.05	21 429	18.86	25 715	33.32
		汽油	641	2.14	5 008	4.19	3 736	3.13	10 797	9.51	19 649	25.46
		柴油	15	0.05	68	0.06	109	0.09	1 297	1.14	3 437	4.45
	高质商品能源	液化气	86	0.29	206	0.17	910	0.76	1 458	1.28	3 141	4.47
		电力	312	1.04	1326	1.11	1 961	1.64	2 079	1.83	2 787	3.61

在非商品能源方面,畜粪和薪柴总消费占比在中、低收入家庭超过60%,低收入家庭的非商品能源消费量及其总量占比均最高,其次为中低收入家庭、中等收入家庭。从单向能源类型来看,牧区家庭能源消费突出特点为畜粪的大量使用,但青海牧民家庭对畜粪的依赖程度低于内蒙古(79.62%)(周曙东等,2009)、西藏(81%)(徐增让,2015)、甘肃(65.33%)(孙永龙,2015)、以及新疆(70%)(李倩楠,2017)等牧区家庭,这主要是由于青海自2011年开始实施"退牧还草",在1 633万 hm^2 天然草地推行禁牧,由于饲草不足而导致牛、羊存栏数下降,畜粪的排放量随着减少。例如,以调研的海晏县甘子河镇一户家庭为例,2011年以前一户牧民家拥有1 000头牛羊,2011年以后因放牧草场受限,数量下降至300头,牧民预估10年内饲养的牛羊数量还将下降。研究发现,高收入家庭的薪柴消费量最高,中高收入次之,薪柴的消费比例从低收入分组到高收入分组依次为:低收入家庭＞中低收入家庭＞中高收入家庭＞高收入家庭＞中等收入家庭,五类农户的薪柴消费占比(10.15%)高于内蒙古(0.08%),主要因为青海省牧区森林的能值密度较高,森林生态系统服务价值较高(吴霜,2014),可供使用的木材较多。

在商品能源方面,消费占比随家庭收入的增加有所上升,高收入家庭(70.91%)最高,其次是中高收入家庭(32.62%),两者相差较大。煤炭的消费占比在低收入、中低收入、中等收入、中高收入和高收入分组中消费比例分别为：7.39%、7.48%、11.05%、18.86%、33.32%。五类农户煤炭总体消费占比为 16%，高于内蒙古(9.95%)和甘肃(10.9%)，主要是因为居住在牧区的蒙古族较藏族饲养牛、羊的数量少，畜粪不足以满足日常需求，因此以煤炭作为补充能源，同时也因采煤区较近，煤炭商送货上门，没有购买的交通成本，获得煤炭便利。电的消费量在低收入分组占比 1.04%，在高收入分组占比 3.61%，主要是由于低收入牧民居住分散，常规电网难以全面覆盖，用电量较少。五类农户汽油总体消费占比为 8.67%，高于内蒙古(6.03%)和甘肃(4.19%)，在低收入分组占比 2.14%，在高收入分组占比 25.46%，两者相差 12 倍多。

5.1.2 家庭能源用途量化

牧区家庭的电力主要被用于家电、炊事。煤炭和畜粪主要被用于取暖和炊事。柴油和汽油几乎全部被用于交通。

在炊事方面，畜粪在炊事能源消费中占比最高，每户家庭每年平均消费畜粪 3 757 kg，用量最多的一户 5 口之家，年炊事畜粪用量达到 49 500 kg(24 750 kg 标准煤)。薪柴、煤炭等能源因为获取较为困难或价格较高等原因，消费量远低于畜粪。根据标准煤折算，每户家庭每年消费的炊事用能约 2 575 kg 标准煤。

在取暖方面，牧区冬季最低气温－20℃左右，供暖时间为 4～6 个月，牧区家庭大部分采用煨炕和燃烧畜粪炉子的方式取暖，也有少部分使用电热毯取暖。80% 的牧民选择牛粪用于烧炕取暖，户均年消费畜粪 3 076 kg(1 527 kg 标准煤)，用量最多的一户家庭每年用于取暖的畜粪达 40.5 t(20 250 kg 标准煤)。牧民游牧使用的帐篷是保暖的重要工具，由牦牛毛编织而成，帐篷质地坚硬，御寒力很强。持续用畜粪燃烧产生的烟熏帐顶，可增加帐篷密度，增加保暖性，由此也增加了畜粪的使用量(图 5-2)。秸秆、薪柴等能源也被用于取暖，但使用量远低于畜粪。根据标准煤折算，户均年消费的取暖用能约 2 507 kg 标准煤。

在交通和家用电器方面，87% 的受访家庭产生汽油消费，26% 的家庭产生柴油消费。一方面牧民逐渐以摩托车等代替传统的骑马放牧，导致汽油和

图 5-2　牦牛帐篷(调研照片)

柴油消费量增加；另一方面牧区人口向城镇迁移增加了汽油和柴油的消费量，如海晏县 60% 的牧民在州县购买了房屋，主要用于满足子女教育和老人就医需求，由于仍然以放牧为主要生计方式，因此牧民需要使用小轿车或摩托车往返于城镇和牧区。此外，18.2% 的家庭使用电瓶车作为代步工具。根据标准煤折算，户均年消费的交通用能约 581 kg 标准煤。

日常家用电器主要包括电冰箱、洗衣机、电视、电灯等，也有少部分家庭使用电热水壶、电磁炉、电饭锅和微波炉等(表 5-5)，户均年用电量为 1 000 kW·h，费用约 430 元，占家庭年收入的 0.7%。

表 5-5　牧区家电拥有情况

	电冰箱	电视	电热水壶	电磁炉	微波炉	电饭锅	电灯	洗衣机
拥有率	98.7%	94.8%	42.9%	35.1%	15.6%	29.9%	89.6%	97.4%

5.1.3　家庭能源重要性认知分析

在牧民主观认知中，能源重要性由强到弱依次为：电力、牛羊粪、汽油/柴油、煤炭、薪柴、太阳能、秸秆、天然气、液化气、沼气。电力、牛羊粪和汽油/柴油是牧民普遍认为较为重要的能源类型。电力的重要性随家庭收入的增多有上升的趋势，畜粪的重要性随家庭收入的增多呈下降趋势。电力的重要性较高，主要因为牧区家庭电力可得性较低，但电力的使用范围较广，牧民期待获取电力来满足使用家用电器的需求。牛粪的重要性除了与其本身对能源消费的支撑有关外,还与其易获取、易储存及民族文化有关(孙永龙等,2015)。煤炭的重要性仅次于电力,主要因为牧民认为煤炭相较于牛羊粪和薪柴、秸秆等生物质能源,热值更高、燃烧时间长,且气味较小,使用更方便。

天然气、沼气、太阳能等清洁能源在牧民认知中重要性较低,主要由于牧区高寒,沼气发酵不充分。太阳能在牧民认知中重要性较低,这是由于牧区多为小型太阳能板,蓄电池容量较小、电压小,只能被用于照明(图5-3),此外牧民在使用太阳能灶时,因光照不均,炊具易被损坏。汽油、柴油在牧民心中的重要性随家庭收入的增多而增强。

图5-3　小型太阳能板发电仅供照明(调研照片)

5.1.4　家庭能源可得性分析

牧区家庭成员认为,获取能源由易到难依次为牛羊粪、太阳能、电、秸秆、煤炭、薪柴、柴油/汽油、天然气、液化气、沼气。牛羊粪为最易获得的能源类型,这是由于牧区家庭以畜牧业为主要生计方式,放牧的过程中会产生大量畜粪。商品能源中最易获取的为太阳能,沼气的获取相对困难,太阳能可得性较强。导致牧区能源获取困难的主要原因为"可供选择的能源种类较少",44.93%的家庭存在这样的问题,24.64%的家庭认为"政府没能提供对应的能源设施与服务",而认为"交通不便"和"难以支付"等原因的占比相对较低。

牧区不同收入家庭获取能源的难易程度不同。在低收入家庭中,最易获取的能源为电,其次为牛羊粪和太阳能;在中等收入家庭中,太阳能为最易获取的能源;在高收入家庭中,电为最容易获取的能源。当家庭收入不断增加时,薪柴、秸秆和畜粪等传统的生物质能源的可得性比例呈现先增加后降低的趋势,而商品能源的可得性比例逐渐上升,天然气为获取较困难的能源。

5.2 农区家庭能源消费活动特征

农村能源是我国能源体系的重要组成部分,开展农村能源建设,是优化农村家庭能源消费结构(郑新业,2017)、缓解农村能源贫困(李慷等,2011)和实施大气污染联防联控(国务院,2013)以及全面推动能源消费革命的重要内容。按照《全国农村经济区划工作大纲》的要求,结合青海省农村经济发展的实际,同时遵循自然条件、社会经济技术条件的相对一致性,农村经济发展水平的相对一致性,农村经济结构特征和发展方向的相对一致性,农村资源优势与开发途径的相对一致性以及保持一定行政单元的相对完整性等区划原则,将西宁市、海东市、海北藏族自治州、海南 4 个州(市),以及湟中县、乐都区、门源回族自治县、贵德县等 10 个县(区)划分为农区(图 5-4)。

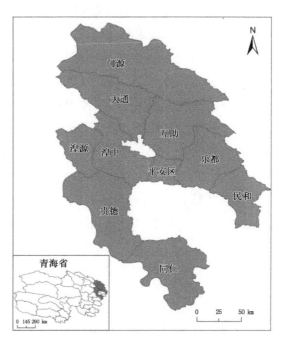

图 5-4 农区调研区域图［审图号:GS(2019)3333］

农区所在县市位于青海省东北部,位于我国黄土高原向青藏高原和西北干旱区的过渡带;海拔 1 700～3 500 m;地势高低悬殊,垂直带谱明显;海拔 1 700～2 400 m 是川水农耕区;3 300 m 以下是旱作浅山农业区;3 300 m 以上是脑山区。这里是青海省水、光、热资源最好的区域,年平均气温 7℃左右,年降水量 350 mm 左右,光能充足。该区域也是全省人口密度最高的地区,人均耕地数量多,农业占第一产业比重高,牧业占产值比例基本上小于 50%。农区面积 3.5 万 km^2,占全省总面积的 4.85%,同时该区域又是全省人口密度最高的地区,2017 年人口 270.57 万人,占全省人口的 46.28%,人口与资源矛盾突出。

农区问卷覆盖了328户农村家庭,其中有效问卷318份。调研区最低海拔高度1 650 m,最高海拔5 245 m,调研区属于高海拔地区,平均海拔为3 529m。居民人均年收入为7 945元,低于青海省农村居民收入平均水平(9 462元/年)和全国农村居民人均可支配收入(13 432元)。收入最多的家庭人均年收入为50 000元,收入最低的家庭人均年收入仅为800元。平均家庭收入水平从低收入家庭到高收入依次递增,且低收入家庭和高收入家庭相差较大,高收入家庭是低收入家庭的8.75倍。平均每户家庭人口为4.39人,人口最多的家庭有7人。调研区人均耕地面积为1.38亩,家庭成员职业主要为个体工商户或公职人员。样本覆盖藏族57户、蒙古族5户、土族99户、回族157户四个少数民族,并以回族农户为主,占调研样本数的49.37%。受访者平均年龄为52.03岁,其中89.94%的受访者为男性,以农耕为生计方式的占90.25%,以经商为生计方式的占6.92%,公职人员占2.83%。农户受教育水平整体偏低,平均受教育年限是5.42年,家庭平均2人以上受过九年义务教育,拥有初中及以上学历的平均2.28人(表5-6)。

表5-6 农区问卷数量及主要分布区域

州/市	县	问卷数量	海拔高度(m)	平均家庭年收入(元)	平均家庭人口数(人)	人均耕地(亩)
西宁	湟中	69	2 225~4 488	31 667	4.52	0.84
	湟源	9	2 470~4 898	36 889	4.33	2.17
	大通	82	2 280~4 622	29 211	4.1	1.80
海东	乐都	12	1 850~4 480	42 833	4.5	1.13
	平安	8	2 100~4 166	27 875	4.13	0.59
	互助	43	2 100~4 374	26 458	4.09	2.18
	民和	43	1 650~4 220	33 663	4.58	1.29
海北	门源	21	2 388~5 245	41 905	4.43	2.01
海南	贵德	15	2 200~5 011	18 800	5.2	0.64
合计		302	1 650~5 245	33 533	4.35	1.38

调研结果显示,农区家庭收入水平对非商品能源的使用有显著负方向影

响,即收入增加会降低家庭对这一能源的需求,使其转向商品能源或清洁能源。这一点与现有研究一致,即低收入群体会更多地使用传统能源,而随着收入的增加,会更多地使用商品能源或清洁能源(González-Eguino,2015),为进一步分析不同收入分层家庭能源消费结构,对调研区域的家庭收入进行分组统计(表 5-7、表 5-8)。

表 5-7　农区家庭收入分组

	低收入组	中低收入组	中收入组	中高收入组	高收入组
人均年收(元)	800～2 500	2 501～4 286	4 287～6 667	6 668～10 000	10 001～50 000
家庭数量(户)	63	64	64	64	63

表 5-8　农区不同类型农户基本特征

收入分组	低收入	中低收入	中等收入	中高收入	高收入
家庭收入(元)	9 905	15 547	19 602	36 422	86 651
家庭规模(人)	5.00	4.55	3.75	4.23	4.24
非农劳动力人口(人)	1.92	1.94	1.67	1.88	2.14
户主受教育年限(年)	5.95	5.88	5.58	6.09	7.13
户主平均年龄(岁)	55.67	52.59	50.08	48.97	49.87
家庭耕地面积(亩)	4.70	7.67	5.78	6.40	5.50

5.2.1　家庭能源消费结构特征

农区家庭能源主要包括煤炭、薪柴、秸秆、液化气、畜粪、电力、汽油和柴油八类能源,其中煤炭和薪柴为主要使用能源,占比 31.9% 和 22.3%;电力和液化气占比较低,分别为 4% 和 2%(表 5-9)。青海农区家庭能源消费结构比例整体与我国中东部地区类似,但与东北地区、黄土高原以及相似地理环境的甘南高原差异较大。如在北京农村家庭能源消费中,同样以煤炭(53%)、秸秆和薪柴(17%)为主要家庭能源(李宗泰等,2017);西安市郊农户生活能源消费中,煤炭及其制品消费比例达40%以上,生物质能源占30%以上(张敬飒等,2016);河北省家庭能源消费也以煤炭(41%)为主(张彩庆等,2015)。然而,在东北地区,农村生活能源消费主要以秸秆(43%)为主,其次才是煤炭(25%)和薪柴(14%)(石祖梁等,2017);黄土高原西部农村地区也以传统生物质能源为主,占比50%,煤炭次之,占比为43%(牛云鹭等,2013),而在甘南高原的农区则以秸秆(50%)、薪柴(18%)和畜粪(7%)为主(孙永龙等,2015),青海农区家庭能源消费中,畜粪的占比(12.2%)高于全国其他地区,甚至超过了同属青藏地区的甘南(赵雪雁,2015),其原因主要在于青海牧区畜粪产量多,牧民将未使用完的畜粪销售给农区家庭。在电力消费方面,青海省农区家庭电力(4%)消费占比与东北农区(4%)类似,但低于北京(12%)和河北(22%)的中部农村地区,且主要用于家电。

表5-9 户均农户家庭能源消费数量和结构

收入分组			低收入		中低收入		中等收入		中高收入		高收入	
能源类型			kgce	%	kgce	%	kgce	%	kgce	%	kgce	%
非商品能源	传统能源	薪柴	1 084	28.14	848.3	22.02	412	10.7	780	20.25	727.79	18.89
		秸秆	1 015	38.83	358.8	13.73	329	12.59	379	14.50	532	20.35
		畜粪	293	14.01	769.9	36.82	396	18.94	353	16.88	279	13.34
	清洁能源	沼气	2.98	44.28	3.48	51.71	0.27	4.01	0	0	0	0
商品能源	低质商品能源	煤炭	1 280	23.26	1 462	26.56	800	14.53	915	16.62	1 047	19.02
		汽油	176	10.09	239.3	13.72	237	13.59	626	35.89	466	26.72
		柴油	21	21.09	31.22	32.56	20	20.86	14.3	14.92	9.35	9.75
	高质商品能源	液化气	71	19.67	102	28.26	55	15.24	46.1	12.77	86.86	24.06
		天然气	3.50	1.28	7.52	2.74	103	37.59	88.8	32.40	71.22	25.99
		电	158	22.72	147	21.14	116	16.68	117	16.83	157.3	22.62

注:太阳能因为主要被用于太阳能光伏发电,故将其计入电力使用量。

在非商品能源方面,表5-9五类农户中,薪柴、秸秆和畜粪总消费占比在各收入分组的家庭均接近50%。低收入家庭的非商品能源消费量及其总量占比均最高,其次为中低收入家庭,中等收入家庭最低。从单向能源来看,低收入家庭的薪柴消费量最高,中高收入家庭次之,两者相差较大,中等收入家庭最低。薪柴消费占比呈低收入家庭>中高收入家庭>高收入家庭>中低收入家庭>中等收入家庭,与非商品能源消费占比一致。秸秆消费占比,五类农户差异较大,低收入家庭占比最高(25%),中低收入家庭占比最低(9.1%),两者相差2倍多。沼气在低、中低收入家庭的消费占五类农户总消费的九成多。

在商品能源方面,消费占比随家庭收入的增加而上升,从低收入分组到高收入分组占比依次为:41.3%、50.2%、53.5%、55.0%、55.7%。五类农户中,煤炭是消费量占比最高的能源类型,中低收入家庭(37%)和中等收入家庭(32%)的煤炭消费占比最高。高质商品能源中,液化气消费占比呈高收入家庭>中低收入家庭>中等收入家庭>低收入>中高收入家庭。高收入、中等收入以及低收入家庭的电能消费占比较高,分别占4.66%、4.70%和3.85%。调研发现,近几年村民的电力支出逐年增加,主要有两个原因:一是当地耕地皆为旱地,主要"靠天吃饭",受干旱少雨等气候变化影响,近年来村民收成骤减,耕地产生的秸秆无法满足炊事需求;二是"十三五"规划中命令禁止村民焚烧秸秆,为了满足家庭用能需求,村民选择用电作为替代能源,于2019年正式施行的《青海省大气污染防治条例》,进一步严格规定禁止露天焚烧秸秆等产生烟尘的物质,村民需要用电力代替秸秆,电力的消费随之增加。以互助县东山乡吉家岭村一户5口之家为例,2013年以前,电费平均10元/月,2013年以后,电费上涨为40~50元/月。村民预计未来几年,家庭电力的消费量还将增加。

5.2.2 家庭能源用途量化

农区家庭的电力使用率最高(99%),主要被用于照明(90.1%),还有52.5%和22.6%的家庭将电力用于炊事和取暖。汽油和柴油的使用率达到91.8%,主要被用于交通。煤炭的使用率为85.2%,44.3%的农户将其用于炊事,71.7%的农户将其用于取暖。薪柴、秸秆和畜粪的使用率分别为

66.0%、63.5%和42.8%,主要用于家庭取暖和炊事。但是天然气、沼气和太阳能等清洁能源的使用率均不足30%。本文对农区的家庭能源用途进行了定量估计:

在炊事方面,家庭户均年消费863 kg秸秆(469 kg标准煤)用于炊事,最高的家庭年消费9 855 kg(5 351 kg标准煤)①。户均年消费1 078 kg(616 kg标准煤)薪柴用于炊事,户均年消费42 kg液化气(72 kg标准煤)、168 kg畜粪(84 kg标准煤)和154 kg煤炭(110 kg标准煤)用于炊事。

在取暖方面,户均年消费1 387 kg煤炭(990 kg标准煤)用于取暖,取暖和炊事的煤炭消费约占家庭年收入的2.5%,最多的家庭每年消费6 300 kg煤炭(4 500 kg标准煤)用于取暖。薪柴也是农户烧炕取暖的主要能源,平均每户家庭每年消费96 kg秸秆(52 kg标准煤)和270 kg薪柴(193 kg标准煤)用于取暖(图5-5)。畜粪也被部分家庭用于烧炕取暖,户均年消费670 kg牛羊粪(335 kg标准煤)用于取暖②。

图5-5 农区家庭炊事能源主要为秸秆和薪柴(调研照片)

在交通用能方面,70.1%的家庭产生汽油消费,该部分家庭户均年消费约453 L汽油(483 kg标准煤)用于交通耗能。27.7%的家庭产生柴油消费,

---

① 青海省农区炊事主要用能为秸秆、薪柴、畜粪等,生物质能源基本能够满足家庭日常炊事用能,部分家庭购买液化气和煤炭用于补充。农区主要种植的农作物为甜菜、小麦、玉米、油菜、青稞等,其中小麦秆、油菜秆、玉米秸秆等均可作为燃料用于家庭日常炊事和取暖。

② 农区冬季最低气温-15℃左右,供暖时间为4~6个月,农区家庭一般采用铁质煤炭炉取暖,并通过烧炕辅助取暖,也有部分家庭通过暖气或电热毯取暖。

主要用于拖拉机等农用运输车日常运输农作物,这部分家庭户均年消费55 L 柴油(67 kg 标准煤)。18.6%的家庭使用电瓶车作为交通工具,这部分家庭户均电瓶车年行驶里程为837 km,约消费电能 17 kW·h(2 kg 标准煤)。

在家电使用方面,调研区域家庭的主要电器包括电灯、电视、洗衣机、电冰箱、电热水壶、电饭锅、电磁炉、微波炉等(表5-10)。其中电灯、电视、洗衣机和电冰箱的拥有率都在80%以上。户均年消费 252 kW·h 电能(31 kg 标准煤),约花费108元,占家庭年收入的0.3%。

表 5-10 农区家电拥有情况

	电冰箱	电视	电热水壶	电磁炉	微波炉	电饭锅	电灯	洗衣机
拥有率	82.4%	89.9%	61.9%	48.4%	20.8%	53.1%	99.1%	83.6%

5.2.3 家庭能源重要性认知分析

在农户的主观认知中,能源重要性由强到弱依次为电力、煤炭、天然气、太阳能、汽油和柴油、薪柴、秸秆、畜粪、液化气、沼气。电力在各收入分组的家庭中都被认为是最重要的能源类型,这可能因为电力在照明、电冰箱、电视、洗衣机等电器方面起到的作用是其他能源无法替代的。煤炭作为取暖的主要

图 5-6 政府设置的沼气服务网点(调研照片)

能源,也被农户认为具有很强的重要性。太阳能虽然使用率不足30%,但也被农户认为是重要的能源类型,这可能与农户的清洁能源使用意愿有关。尽管国家开展农村户用沼气工程,政府给予80%的建设补贴,农户只需进行日常维护即可,但农户对其认可度较低(图5-6)。

5.2.4 家庭能源可得性分析

农区家庭获取能源由易到难的顺序依次为电、秸秆、薪柴、太阳能、畜粪、煤炭、柴油/汽油、天然气、沼气、液化气。最容易获取的能源为电,燃气是最难获取的能源,为72.03%,究其原因,主要是农区燃气管道较少,供给不足,液化气的成本较高,家庭经济支付能力有限。31.99%的家庭认为"政府没能提供相对应的能源设施与服务"是造成能源获取比较困难的原因,28.62%和34.68%的家庭认为"可供选择的能源种类较少"和"难以支付"是主要原因。

不同收入家庭获取能源的困难程度及种类也不同。在低收入家庭中,最易获取的能源为秸秆,占家庭能源的比重为72.22%,其次为薪柴(64%),液化气最低,仅为4.08%;在中等收入和高收入家庭中,电为最易获取的能源,占家庭能源的比重分别为60%和69.35%,沼气的获取比较困难。当家庭收入不断增加时,电能作为一种清洁能源可得性比例逐渐上升,如薪柴、秸秆和畜粪等传统生物质能源的可得性随着家庭收入的升高呈现先降低后上升的趋势,商品能源的使用比例逐渐上升,太阳能可得性呈"∩"形趋势。

5.3 农牧交错区家庭能源消费活动特征

农牧交错区处于农区和牧区两个区域生态系统的过渡带,是保障国家生态安全的"三屏两带"重要组成部分(樊杰,2013)。农牧交错区因兼具农业和畜牧业,同时又是多民族聚集区,农牧民受农业政策和牧业政策的叠加影响和多重文化交互影响,其家庭能源消费呈现农区和牧区的叠加特征,如马丽等(2009)对内蒙古通辽地区农牧民家庭能源消费开展研究,发现农牧民生活严重依靠以秸秆、薪柴和畜粪等传统生物质能源,总使用率达71.58%,且存在消费水平低、利用方式不合理、环境污染严重等问题。赵学勇(2006)研究发现西北地区农牧民生活能源利用效率低下,21%来源于薪柴。辛毅等(2014)对滇西北的农牧交错区在2006年和2014年期间的家庭能源消费情况开展调研发现,农牧民家庭能源消费的人均能耗呈下降趋势,太阳能等清洁能源消费占比呈上升趋势。青海省农牧交错区主要分布在青海省东部和中部地区,包括循化撒拉族自治县、化隆回族自治县、海晏县、尖扎县、玉树市、都兰县等县（市）（陈琼等，2011）（图5-7、表5-11）。

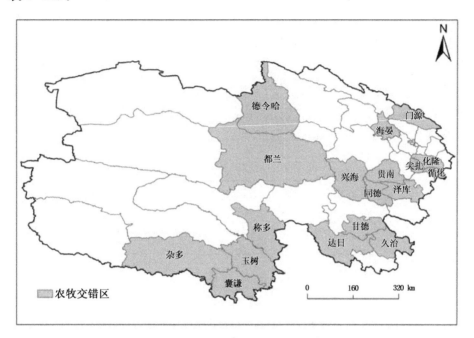

图5-7　农牧区调研图[审图号：GS(2019)3333]

表5-11　农牧区问卷数量及主要分布区域

县/市	问卷数量	平均海拔高度(m)	家庭年均收入(元)	平均家庭人口数(人)	户均耕地(亩)	户均草地(亩)
循化	12	均2 300	54 500	4.00	2.06	16.67
化隆	26	1 884～4 484	36 096	4.35	7.46	57.81
海晏	10	2 726～4 583	69 000	3.90	4.40	863.00
尖扎	14	1 960～4 614	83 857	4.57	5.14	71.43
玉树	16	均4 493	110 000	3.56	1.75	37.50
都兰	25	均3 100	51 160	4.32	5.36	713.88
合计	103	1 884～4 614	63 063	4.17	4.82	289.13

调研共发布问卷123份，有效回收问卷103份。调研区最低海拔

1 884 m,最高海拔 4 614 m,平均家庭人口 4.17 人,户均耕地面积 4.82 亩,户均草地 289.13 亩。农牧交错区低收入家庭与高收入家庭收入水平相差较大,高收入家庭的收入是低收入家庭的 5.48 倍。家庭规模从低收入家庭到高收入家庭呈现减小的趋势,低收入家庭为 4.55 人,高收入家庭为 3.55 人。低收入分组平均拥有非劳动力人口 2.45 人,高于其他分组家庭。农牧区居民受教育水平整体偏低,户主平均受教育年限 5.45 年,高收入分组家庭户主受教育年限 7.35 年,其他几组家庭相差较小,平均每户家庭拥有初中及以上学历者1.58人(表 5-12、表 5-13)。

表 5-12 农牧区家庭收入分组

	低收入组	中低收入组	中收入组	中高收入组	高收入组
人均年收(元)	1 667～6 400	6 401～9 750	9 751～16 667	16 668～26 250	26 251～50 000
家庭数量(户)	20	21	21	21	20

表 5-13 农牧区分组家庭基本信息

收入分组	低收入	中低收入	中收入	中高收入	高收入
家庭收入(元)	21 725	35 810	55 143	84 333	119 000
家庭规模(人)	4.55	4.38	4.33	4.00	3.55
非劳动力人口(人)	2.45	2.14	2.19	1.67	1.85
户主受教育年限(年)	4.05	4.62	3.90	3.29	7.35
高于初中学历(人)	2.05	1.57	1.19	1.52	1.55
户主年龄(岁)	55.05	48.19	50.67	51.86	51.00
家庭耕地面积(亩)	6.34	8.71	4.48	3.10	0.00
家庭草地面积(亩)	100.7	11.10	278.81	537.14	470.00

5.3.1 家庭能源消费结构

农牧交错区家庭能源以煤炭、畜粪和薪柴为主,占比分别为 21.97%、21.11%和 16.7%。电力、柴油和液化气的使用量较小,占比分别为 3.17%、

3.56%和4.62%,人均年生活能源消费量为1 245 kg标准煤,是甘南农牧交错区(618.95 kg标准煤)的2倍,也高于滇西北农牧交错区(744.04 kg标准煤)。青海省农牧交错区与甘南高原农牧交错区家庭能源消费结构相似(孙永龙,2015),畜粪、薪柴、秸秆等生物质能源消费量大,但人均年生活能源消费量是甘南农牧交错区(618.95 kg标准煤)的2倍。对比滇西北的农牧交错区(辛毅等,2014),青海省农牧交错区家庭的太阳能使用比重较小。

非商品能源的消费量占比随家庭收入的增多而减少,从低收入分组到高收入分组占比依次为:64.32%、62.65%、50.92%、49.85%、37.14%。从单项能源类型来看,畜粪的消费占比最高,在中低收入分组中占比13.34%,在其余4个分组占比均高于20%。薪柴次之,消费占比呈中低收入家庭>低收入家庭>中收入家庭>中高收入家庭>高收入家庭(表5-14)。秸秆的消费占比最低,但五类家庭的秸秆消费量占比相差较大,在中低收入家庭占比最高(24.29%),在中等收入家庭占比最低(9.45%),二者相差两倍多,收入较高的家庭相比于收入较低的家庭,草地拥有面积更多,耕地拥有面积更少,秸秆使用也较少。

表5-14 农牧区家庭能源消费结构

	低收入组		中低收入组		中等收入组		中高收入组		高收入组	
	kgce	%	kgce	%	kgce	%	kgce	%	kgce	%
电	3 300	3.29	2 770	2.44	3 879	4.08	3 823	3.30	3 168	2.90
煤炭	17 143	17.08	25 315	22.29	26 786	28.16	24 800	21.43	23 286	21.34
汽油	9 304	9.27	11 311	9.96	8 694	9.14	16 765	14.48	27 535	25.23
柴油	3 097	3.09	1 786	1.57	4 061	4.27	6 488	5.61	3 571	3.27
液化气	2 962	2.95	1 245	1.09	3 257	3.42	6 171	5.33	11 040	10.12
薪柴	24 503	24.41	28 418	25.02	17 625	18.53	11 147	9.63	7 468	6.84
秸秆	14 658	14.60	27 593	24.29	8 984	9.45	18 641	16.10	10 643	9.75
畜粪	25 408	25.31	15 148	13.34	21 823	22.95	27 920	24.12	22 428	20.55

商品能源的消费量占比随家庭收入的增多有增加的趋势,从低收入到高收入占比依次为:35.68%、37.35%、49.08%、50.15%、62.86%。在五类家

庭中，煤炭是消费占比最高的能源类型，且消费占比在各收入分组中相差较小，最高为中等收入家庭（28.16%），最低为低收入家庭（17.08%）。近年来，因国家"退牧还草"和"退耕还林"政策的实施，农牧交错区畜类养殖量和耕地面积减少，导致畜粪和秸秆都不足以满足农牧民日常需求，因煤炭可得性较强，农牧民逐渐用煤炭替代传统生物质能源。中等收入家庭的电能消费占比较高，为4.08%，中低收入家庭电能占比较低，不足3%，尽管电力在调研区的普及率达到97%，但由于电力只用于家电，大部分家庭不用于取暖和炊事，其电力消费占比较低。汽油的消费占比呈现为高收入家庭＞中高收入家庭＞中低收入家庭＞低收入家庭＞中等收入家庭。液化气的消费占比较低，主要原因是液化气价格高，约9元/kg，超出了农牧民的能源购买力，同时也导致液化气消费占比在高收入和低收入分组家庭中相差较大，在中低收入家庭中最低（1.10%），在高收入家庭中最高（10.12%），二者相差近10倍。

清洁能源消费占比较低。这主要是由于农牧民认为太阳能灶受热不均，往往弃之不用，仅部分居民利用太阳能光伏板发电，且只用于照明。例如，在回族聚集地化隆县牙路村，尽管80%的居民家中都安装了太阳能灶，但因其玻璃易剥落，且聚光不均匀、不稳定，太阳能灶均被闲置不用（图5-8）。沼气和天然气在调研区使用较少，使用率均不足4%。

图5-8 被闲置在屋顶的太阳能灶

5.3.2 家庭能源用途量化分析

农牧交错区家庭电力使用率最高（99.0%），主要被用于照明和家电（85.4%），还有43.7%和11.7%的家庭将电力用于日常炊事和取暖。煤炭的使用率为85.4%，74.8%的家庭将其用于取暖，32.0%的家庭将其用于炊事。汽油和柴油的使用率为89.9%，主要被用于交通出行。薪柴、秸秆和畜粪的使用率分别为：59.2%、56.0%和74.8%，主要作为农牧区家庭日常取暖和炊事的主要能源。38.4%的家庭使用液化气作为炊事的补充用能。38.9%的家庭使用太阳能，主要用于太阳能电池板供给照明。

在炊事方面，家庭户均年消费约 2 020 kg 标准煤。薪柴、秸秆、液化气、畜粪和煤炭是农牧交错区家庭主要的炊事用能。家庭户均年消费 1 296 kg 秸秆(704 kg 标准煤)和 1 213 kg 薪柴(693 kg 标准煤)用于日常炊事活动。在其他能源方面，户均年消费 140 kg 液化气(240 kg 标准煤)、436 kg 畜粪(219 kg 标准煤)和 159 kg 煤炭(114 kg 标准煤)用于炊事。

在取暖方面，家庭户均年消费约 2 160 kg 标准煤。户均年消费 1 435 kg 煤炭(1 025 kg 标准煤)用于取暖，取暖和炊事的煤炭消费约占家庭年收入的 1.52%。畜粪、薪柴和秸秆也是农牧区居民烧炕取暖的主要能源，家庭户均年消费 1 751 kg 畜粪(876 kg 标准煤)，303 kg 薪柴(173 kg 标准煤)和 144 kg 秸秆(78 kg 标准煤)用于取暖。

在交通方面，96%的家庭产生汽油消费，这部分家庭户均年消费约 695 L 汽油(744 kg 标准煤)用于交通出行。41%的家庭产生柴油消费，主要用于拖拉机等农用运输车日常运输农作物，这部分家庭户均年消费 373 L 柴油(452 kg 标准煤)。4.9%的家庭使用电瓶车作为交通工具，家庭户均年交通耗能约为 1 200 kg 标准煤。

在家电使用方面，调研区家庭的主要电器包括电灯、洗衣机、电冰箱、电视、电热水壶、电饭锅、电磁炉、微波炉等(表 5-15)。其中，洗衣机、电灯、电冰箱、电视的使用率都在 90%以上。家庭户均年消费 1 338 kW·h(164 kg 标准煤)电力，约花费 575 元，占家庭年收入的 0.9%。

表 5-15 农牧区家电使用情况

	电冰箱	电视	电热水壶	电磁炉	微波炉	电饭锅	电灯	洗衣机
使用率	92.2%	92.2%	50.5%	28.2%	9.7%	29.1%	94.2%	97.1%

5.3.3 家庭能源重要性认知分析

在农牧民的主观认知中，能源重要性由强到弱依次为：电力、煤炭、汽油、柴油、畜粪、天然气、液化气、太阳能、薪柴、秸秆、沼气。电力依然在各收入分组的家庭中都被认为是最重要的能源类型。煤炭作为农户取暖的主要能源，也被农户认为具有很强的重要性。汽油和柴油是农牧民日常交通的主要能源，在居民的认知中也具有较强的重要性。液化气的重要性随家庭收入的增多有上升的趋势，薪柴和秸秆的重要性随家庭收入的增多有下降的趋势。沼气和太阳能因为使用率较低，在农牧民的主观认知中重要性较低。

5.3.4　家庭能源可得性分析

农牧交错区家庭成员认为，获取能源由易到难依次为畜粪、电力、柴油/汽油、太阳能、秸秆、薪柴、煤炭、液化气、沼气、天然气。最容易获取的能源为畜粪，电力次之，天然气是最难获取的能源。整体来看，生物质能源中以畜粪为主，薪柴和秸秆处于适中的水平，商品能源中最容易获取的为电力，液化气和天然气的获取比较困难，该区域对太阳能的获取也相对容易。有30%的家庭认为"政府没能提供相对应的能源设施"与"难以支付"是能源获取困难的原因，28.62%的家庭认为"可供选择的能源种类相对较少"是主要原因。

农牧交错区低收入家庭中，最易获取的能源为秸秆，其次为畜粪，液化气和天然气获取较困难；在中等收入中，秸秆为获取最容易的能源，为58.82%；在高收入家庭中，太阳能为获取最容易的能源，为72.22%。当家庭收入不断增加时，商品能源的可得性比例逐渐上升，太阳能的可得性比例从低收入家庭的16.67%增加到高收入家庭的72.22%。

5.4　家庭用能结构空间比较（交通用能）

5.4.1　出行交通方式

在调研区域，四类交通工具（小轿车、摩托车、农用车、电瓶车）中摩托车的使用比例最高，在农区、牧区和农牧交错区占比分别为41%、41%和47%；小轿车使用比例则为26%、29%和32%。电瓶车的使用整体偏低，在农牧交错区的使用比例为6%，在农区和牧区的使用比例均为13%。农用车主要集中于农区和牧区，使用占比分别为20%和17%，在农牧交错区占比15%（图5-9）。

5 家庭能源消费的空间分异特征

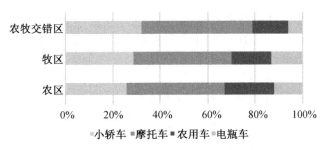

图 5-9 不同地理位置交通工具使用情况

从家庭收入分组看,小轿车在中高、高收入家庭的使用占比较高,在低收入、中低收入、中等收入、中高收入和高收入家庭中使用的比例分别为 18%、31%、33%、40% 和 50%;摩托车的使用占比在不同收入家庭相差无几,均为 40%;农用车的使用占比在低收入组占比最高,为 25%,在高收入组占比最低,仅为 7%;电瓶车的使用占比随着收入的增加呈下降趋势,在低收入组为 17%,在高收入组占比仅为 3%。这说明,在交通工具的使用选择上,家庭收入水平对小轿车、农用车及电瓶车具有显著影响,对摩托车影响不大,其原因在于,农用车以生产为主很少作为交通工具(图 5-9、图 5-10)。

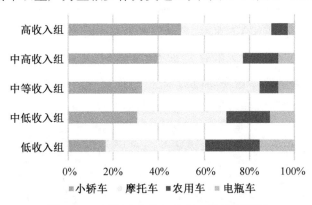

图 5-10 不同家庭收入交通工具使用情况

家庭的人均年出行距离大约在 2 000～4 000 km,农区、牧区、农牧交错区人均出行距离分别为 3 677、4 196 和 371 km,牧区的人均出行距离最远,这与牧民需要到较远距离的草场放牧有关,如在海北州海晏县,从牧民的居住地到草场,距离为 30 km 左右。从收入类型来看,低收入、中低收入、中等收入、中高收入和高收入的人均年出行距离分别为2 959、4 838、3 914、4 189和3 653 km(表5-16),中低收入和中高收入的家庭出行距离最远,这可能与生计方式有关。

表5-16 不同收入水平及区域家庭人均年出行距离

	小轿车		摩托车		农用车		电动车	
	km	%	km	%	km	%	km	%
低收入	2 157	72.90	615	20.78	97	3.28	90	3.04
中低收入	3 695	76.37	938	19.39	89	1.84	116	2.40
中等收入	2 657	67.89	686	17.53	100	2.55	471	12.03
中高收入	2 356	56.24	1 319	31.49	206	4.92	308	7.35
高收入	2 105	57.62	1 061	29.05	347	9.50	140	3.83
农区	2 845	77.37	569	15.48	77	2.09	186	5.06
牧区	2 481	59.13	1 284	30.60	190	4.53	241	5.74
农牧交错区	2 407	64.81	1 037	27.92	167	4.50	103	2.77

对比发现,使用小轿车的年出行距离均超2 000 km,说明小轿车是家庭出行的主要交通工具;牧区的摩托车年出行距离大于农区和农牧交错区,其原因在牧区和农牧交错区主要以放牧为生,而摩托车本身轻便、快捷的特点,对路况的要求较低,方便牧民在草场和居住点之间的往返(图5-11)。

图5-11 牧区放牧工具(左,摩托车)及农区农用工具(右,三轮车)

从家庭收入分组数据对比发现,使用轿车的出行距离都在 2 000 km 以上,在中低收入家庭出行距离最长,随着收入的不断增加,出行距离呈缩短趋势;摩托车在中高收入家庭中出行距离最长,而农用车和电动车的使用频率相对较低,出行距离集中在 50~500 km 之间。

5.4.2 交通用能结构

调研家庭的交通能源消费总量为 250~1 200 kg 标准煤,平均值为 673 kg 标准煤。其中,农区、牧区、农牧交错区家庭平均交通能源消费总量分别为 355、599 和 639 kg 标准煤。从收入类型来看,从低收入到高收入变化过程中,交通能源消费总量呈上升趋势,分别 262、496、481、752 和 1 126 kg 标准煤。在农区,汽油、柴油和电力为主要家庭交通能源的总能耗分别为 301、41 和 13 kg 标准煤;在牧区,家庭总能耗分别为 437、148 和 14 kg 标准煤;在农牧交错区,家庭总能耗分别为 544、87 和 8 kg 标准煤。农牧交错区的汽油消费量高于牧区和农区,主要原因在于以耕种和放牧相结合的生计方式,使得汽油的消费量远高于以单一方式为主的农区和牧区(图 5-12)。

图 5-12 位于农牧区家庭的小轿车(调研照片)

从家庭收入分组对比发现,使用汽油的家庭占比超过 75%,使用柴油的家庭占比为 5%~20%,电力的使用最低,均低于 10%。随着家庭收入提高,汽油使用呈微弱上升趋势,柴油和电力的使用占比较一致(表 5-17)。

表 5-17 不同收入水平家庭及区域交通能源使用情况

	汽油		柴油		电力	
	kgce	%	kgce	%	kgce	%
低收入	198	75.57	53	20.23	11	4.20
中低收入	430	86.69	62	12.50	4	0.81
中等收入	380	79.00	53	11.02	48	9.98
中高收入	605	80.45	143	19.02	4	0.53
高收入	1 037	92.10	88	7.82	1	0.09
农区	301	84.79	41	11.55	13	3.66
牧区	437	72.95	148	24.71	14	2.34
农牧交错区	544	85.13	87	13.62	8	1.25

汽油在农区、牧区和农牧交错区的消费量占比分别为 67%、70%、79%；柴油的消费量在农区占比为 21%，在农牧交错区占比为 15%；电力的使用在农区和牧区占比均为 13%，在农牧交错区为 6%（图 5-13）。

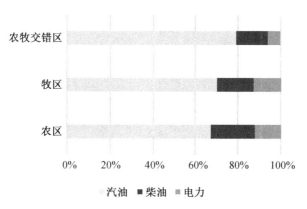

图 5-13 不同地理位置交通能源消费结构

不同家庭收入的交通能源消费结构如图 5-14 所示。汽油在低收入、中低收入、中等收入、中高收入和高收入家庭中所占的比例分别为 60%、70%、84%、77%、90%；柴油的消费量在低收入组别中占比 24%，高收入中为 7%；电力的使用偏低，在低收入分组占比 16%，高收入等级中占比为 3%。

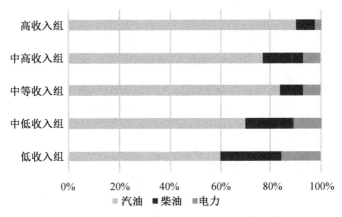

图 5-14　不同家庭收入交通能源消费结构

总体而言,汽油是调研区域家庭使用量最高的交通能源,这是由于汽油是小轿车和摩托车的动力来源,而这两种交通工具在青海省的使用较为普遍。再者,调研区域海拔在 2 500～4 000 m,随着海拔不断上升,对于汽车发动机的动力性提出更高的要求,而青海省各机动车使用的汽油主要以乙醇汽油为主,在高海拔地区具有一定的优势,可以满足居民对燃料动力性的要求。柴油是家庭交通能源使用量次之的能源,只用于农用车,由于农用车的使用频率低于小轿车和摩托车。当收入不断提高时,用于电瓶车的电力消费量呈下降趋势。

5.4.3　节能政策响应

2015—2018 年,青海省推行了家庭节能政策,3 年间各能源的使用量受政策影响有所变化。结果显示,节能政策推行前后的交通能源消费总量为 1 500～5 000 kg 标准煤,政策执行前平均值为 1 138 kg 标准煤,政策执行后平均值为 1 059 kg 标准煤。从收入类型来看,低收入、中低收入、中收入、中高收入和高收入的家庭平均交通能源消费量分别 190、174、260、986 和 4 396 kg 标准煤。农区、牧区、农牧交错区的家庭节能前后的家庭平均交通能源消费量分别为 40、1 272 和 374 kg 标准煤。在不同地区类型的家庭中,牧区家庭交通能源的消费量在节能政策推行后有所减少,而在农区和农牧交错区则略微增加,农区由 30 kg 标准煤增加到 50 kg 标准煤,农牧交错区则由

352 kg标准煤增加到395 kg标准煤。从收入组别来看，节能政策推行前，低收入、中低等收入、中等收入、中高等收入和高等收入家庭的交通能源消费量为159、145、208、1 002和4 577 kg标准煤；在节能政策推行后，交通能源的消费量为221、203、311、969和4 215 kg标准煤；在低收入、中低收入和中收入家庭中，家庭交通能源的使用量均呈上升趋势，节能政策对这三类家庭的影响效果不显著(表5-18)。

表5-18 不同收入水平家庭及区域节能政策推行前后交通能源消费量变化

	节能政策推行前(kgce/年)	节能政策推行后(kgce/年)
低收入	159	221
中低收入	145	203
中收入	208	311
中高收入	1 002	969
高收入	4 577	4 215
农区	30	50
牧区	1 494	1 049
农牧交错区	352	395

综上，青海省节能政策的推广仅对部分家庭起到了推进作用，仍有部分家庭保持传统的能源使用方式。节能政策对牧区的中高等收入家庭的节能行为产生积极影响，通过选择乘坐公共交通的方式，减少了家庭交通能源的使用量。

5.5 小结

研究结果表明，低收入家庭更倾向选择薪柴、秸秆、畜粪等非商品能源作为主要能源，而较高收入家庭则倾向于煤炭、汽油、液化气等高品质商品能源，且高收入家庭比低收入家庭更容易实现能源清洁化转型，这也与Damette(2018)和娄博杰等(2008)学者的研究结论较为一致。太阳能、沼气等技术经济性差导致清洁能源使用率低。

从空间分区来看,牧区家庭用能中的非商品能源占比71.6%,自牧区推行"退牧还草"政策后,出现畜粪能源减少等现象,牧民家庭能源消费结构从以畜粪为主转向多种能源组合。而草原生态保护补助奖励、禁牧补助等政策的落实,不仅弥补了因禁牧而出现的饲草不足问题,还增加了牧民家庭人均收入,提升了支付商品能源的经济能力,增加了煤炭的消费量。成品油的消费占比较高,由于家用小轿车、摩托车以及电瓶车等现代交通工具在牧区的逐步普及,交通用能已经成为家庭能源消费的主要增长点并呈现进一步增长趋势。电力主要被用于照明和家电,畜粪和薪柴被用于炊事和取暖,煤炭是作为补充能源。农区家庭用能中的非商品能源占比为49.6%,商品能源消费比重随家庭收入增加而呈现增加趋势。家庭能源消费以煤炭、薪柴和秸秆等传统能源为主。电力主要被用于照明和家电,秸秆、薪柴和畜粪等用于炊事,液化气用于炊事补充用能。相较于低收入家庭,高收入家庭的能源消费种类更丰富,消费体量更大。高收入家庭通过转移劳动力,减少了薪柴和秸秆的消费量,降低了家庭能源消费产生的环境效应。农牧交错区家庭用能品种为5~6种,以煤炭、畜粪和薪柴为主,柴油和液化气的使用量较小,均不足5%。人均年生活能源消费量高于甘南及滇西北农牧交错区家庭。非商品能源消费占比52.89%,商品能源的消费量占比随家庭收入的增多有增加的趋势。电力的使用率最高,主要被用于照明和家电。薪柴、秸秆、畜粪等是炊事主要用能,煤炭、薪柴等是主要的取暖用能。受农业政策和牧业政策的双重影响,家庭能源消费从以畜粪、秸秆等传统生物质能为主的结构,转向以煤炭为主的多种能源组合结构。不同文化背景家庭的环境意识、消费观念等存在差异,从而使其对家庭能源消费的影响产生差别。

在能源重要性程度认知方面,尽管电力是家庭认为最重要的能源,但牧区、农区和农牧交错区的电力使用在能源消费结构占比分别为1.84%、4%和3.22%,均低于全国平均占比水平(10.7%),且电器品种单一,主要用于满足基本生活需求。煤炭作为传统能源的主要替代能源,也被认为是较为重要的能源之一。尽管牧区的畜粪数量在减少,但由于其具有宗教功能,因此依然是牧民认知中较为重要的能源类型。尽管清洁能源的使用率较低,但仍被认为是重要能源之一,意味着农、牧民对清洁能源倾向性不低。

在能源可得性方面，薪柴、秸秆和畜粪等生物质能燃料获取较为容易，沼气的获取比较困难。在商品能源中，最容易获得的能源为电力、煤炭和柴油/汽油，相对困难的为液化气和天然气。在不同收入类型的家庭中，液化气、天然气和沼气被认为是获取比较困难的能源，尽管天然气被认为是前五个最重要的能源之一。能源获取处于一般水平的为电力、煤炭和柴油/汽油，薪柴、秸秆和畜粪被认为是获取比较容易的能源。能源基础设施落后是导致商品能源可得性差的主要原因，其次为可选择的能源种类较少。在农区、牧区和农牧交错区，因难以支付造成的能源获取困难程度中农区比例最高，其次为农牧交错区和牧区。居民在选择能源时，不仅需要考虑能源价格，而且是否愿意支付购买使用该能源设备也是考虑因素之一，如太阳能热水器、沼气池的维护建设等。"交通不便"造成能源获取比较困难的比例大致相同，主要因为调研地区的海拔集中分布在 3 000 m 左右，同时，由于交通基础设施条件有限，对能源的运输提出了极大的挑战。

交通工具主要以小轿车、摩托车、农用车和电动车为主。当家庭收入逐渐增长时，对出行工具的要求逐渐变高，小轿车的使用比例呈上升趋势，从 17% 增长到 50%，人均年出行距离为 2 670 km；而摩托车本身速度较快、对路况要求低等特点，使用频率较高，人均年出行距离为 805 km，占家庭交通工具使用比例的 40%。农用车和电瓶车的使用比例整体偏低，人均年出行距离均在 200 km 以下。

家庭能源消费环境效应分析

能源使用过程中的环境健康效应是可持续发展研究的重要内容,也是能源-环境-经济-社会-健康等跨学科研究对象。例如,畜粪、薪柴、秸秆和煤炭等固体燃料在简易炉灶中燃烧容易产生污染物,不仅是区域大气污染的重要贡献者,也影响居民室内空气环境质量与居民健康(Shen et al.,2010)。据世界卫生组织数据显示,全球大约35.7%的下呼吸道感染、22%的慢性阻塞性肺疾病、1.5%的气管炎和肺癌、2.7%的伤残调整损失归因于固体燃料使用产生的室内空气污染,由于室内污染,每年大约400万儿童和成人过早死亡(WHO,2014)。开展家庭能源消费的环境效应研究,有利于制定更为优化的大气政策,并促进家庭室内空气质量改善,保障人体健康(Chen et al.,2016)。

6.1 环境效应机理及排放测算

能源消费产生的主要大气污染物包括 CO_2、CH_4、NO_x、SO_2、$PM_{2.5}$等,对人体健康和空气质量产生负面影响。具体而言,CO_2的大量排放是造成温室效应的最主要原因,在能源消费中主要是由含碳丰富的能源如煤炭、汽油、柴油等燃烧产生。CH_4也是造成温室效应的重要气体。NO_x对人体肺部产生刺激,使人降低对感冒之类的呼吸系统疾病的抵抗力(沈磊等,2016)。化石能源的燃烧易产生 SO_2,SO_2 氧化或溶于水都能产生使环境酸化的前驱物,空气中 SO_2 浓度过高会导致溃疡、肺水肿甚至窒息死亡等(解成岩,2016)。秸秆和薪柴等生物质能源的燃烧产生大量的总悬浮颗粒物,$PM_{2.5}$ 浓度较高会对人体的呼吸系统产生刺激和腐蚀作用,引发炎症和心血管疾病(周颖等,

2014；Papinea et al.，2009)。各类能源类型的污染物排放情况具体如下。

(1) 电能。电力消费在家庭层面上属于清洁能源,不产生污染物。但在社会层面上火力发电会产生环境污染,家庭电能利用属于间接环境污染,因此应该核算总的排放量。青海省可再生能源发电位于全国前列,2018年火力发电量占比为13.8%(根据《青海省能源发展报告(2018)》确定)。各种大气污染物的排放因子参考《2006年IPCC国家温室气体清单指南(第二卷,能源)》(IPCC，2006)、狄向华等(2005)关于中国火力发电的相关研究结果和陈菡(2017)的研究成果,并参考青海省火力发电占比,各系数乘以0.138为本文所用系数。

(2) 煤炭。对于家庭能源消费,煤炭燃烧产生的环境效应主要体现在其对室内空气的影响。煤炭燃烧时除产生大量烟尘外,还会形成 CH_4、CO_2、SO_2、NO_x、有机化合物等有害物质。由于我国煤炭含硫量变化较大,且 SO_2 的排放因子主要与煤炭中含硫量以及煤的种类有关,本文中煤炭的 SO_2 排放系数参考虞江萍等(2018)的研究中青海省的排放因子。其他污染物的排放因子参考国内和亚洲的相关实测和计算研究结果(IPCC，2006；陈菡，2017；孙永龙，2015；李静，2017；Kato et al.，1991；闫珍奇等，2017；Huang et al.，2014)。

(3) 汽油、柴油。家庭能源消费中汽油和柴油主要被用于私人交通工具,产生的汽车尾气主要为 NO_x、SO_2 和烟尘等,直接排放于室外空气中。各种空气污染物的排放系数参考陈菡(2017)和孙永龙等(2015)的研究成果,及环境保护部2014年发布的《大气细颗粒物依次排放清单编制技术指南(试行)》(IPCC，2006；Kato et al.，1991；生态环境部，2014)。

(4) 液化气。液化气燃烧产生CO、CO_2、NO_2 等,浓度过量时会对人体健康产生危害,尤其是家庭中主要从事炊事活动的女性。液化气的污染物排放因子主要参考国内相关研究和污染物源排放指南(IPCC，2006；陈菡，2017；孙永龙，2015；Huang et al.，2014；生态环境部，2014；Fang et al.，1995)。

(5) 薪柴、秸秆和畜粪。薪柴、秸秆和畜粪是农村炊事和取暖的主要燃料,其燃烧产生的SO、NO_x、烟尘等大气污染物会造成室内空气污染。田贺忠等(2011)针对我国生物质能燃料燃烧排放的污染物清单进行研究并归纳总结了秸秆、薪柴、畜粪等生物质能燃烧的大气污染物排放因子,本文所用秸秆、薪柴和畜粪的排放因子主要参考其研究成果,另外秸秆和薪柴结合国内各学者的实测数据,畜粪重点参考了亚洲的相关研究结果(IPCC,2006;陈菡,2017;孙永龙,2015;虞江萍等,2008;Huang et al.,2014;Kato et al.,1991;生态环境部,2014;Wang et al.,2009;Streets et al.,1998;Reddy et al.,2002;Zhang et al.,2000;Andreae et al.,1998;Turn et al.,1997)。调查发现沼气因为气味外溢、发酵不充分等原因使用率较低,调研区整体沼气和天然气使用量占比不足2%,因此不进行计算。

为分析家庭能源消费的环境效应,通过式(6-1)计算各种大气污染物的排放量:

$$T_{ij} = \sum_{i=1}^{n} E_i R_{ij} \qquad (6\text{-}1)$$

式中:T_{ij} 为第 i 种能源的第 j 种大气污染物排放量,E_i 为第 i 种能源的消费量,按标准煤计;R_{ij} 为第 i 种能源第 j 种大气污染物排放因子。表 6-1 中列出了文献中查到的各种污染物的排放因子,本文所采用的排放因子为相应的平均值。

表6-1 各类大气污染物排放因子

能源类型	CO_2	CH_4	NO_x	SO_2	$PM_{2.5}$
秸秆/$g \cdot kg^{-1}$ (陈菡,2017;Huang et al.,2014;Tian et al.,2008;Wang et al.,2009;Reddy et al.,2002;Zhang et al.,2000;Andreae et al.,1998;Streets et al.,1998;Turn et al.,1997;生态环境部,2014)	965.82	6.77	2.16	0.48	3.94
	1 320.00	6.10	1.51	0.45	7.51
	1 550.00	3.62	2.02	0.32	6.56
	1 437.97	2.62	1.29	0.53	—
秸秆均值	1 318.45	4.78	1.75	0.45	6.00
薪柴/$g \cdot kg^{-1}$ (IPCC,2006;陈菡,2017;Huang et al.,2014;Kato et al.,1991;Tian et al.,2008;Wang et al.,2009;Reddy et al.,2002;Streets et al.,1998;EPA,1994;生态环境部,2014)	1 131.40	2.20	1.07	0.48	6.10
	1 500.00	2.07	1.95	0.32	3.24
	1 587.24	2.77	1.46	0.63	—
	1 873.31	2.40	1.29	0.41	—
薪柴均值	1 522.99	2.36	1.44	0.46	4.67

(续表)

能源类型	CO_2	CH_4	NO_x	SO_2	$PM_{2.5}$
煤炭/g·kg^{-1}（IPCC，2006；陈菡，2017；Huang et al.，2014；Chen et al.，2016；Kato et al.，1991；Niu et al.，2014）	1 900.30	0.02	1.78	3.18	6.94
	2 026.40	2.92	1.88	16.00	9.68
煤炭均值	1 963.35	1.47	1.83	9.59	8.31
汽油/g·kg^{-1}（IPCC，2006；陈菡，2017；Chen et al.，2016；Niu et al.，2014；Kato et al.，1991；孙永龙等，2015；生态环境部，2014）	2 925.10	1.12	12.73	0.12	0.20
	3 972.78	—	3.15	0.28	0.27
汽油均值	3 448.94	1.12	7.94	0.20	0.24
柴油/g·kg^{-1}（IPCC，2006；陈菡，2017；Chen et al.，2016；Niu et al.，2014；Kato et al.，1991；生态环境部，2014）	3 095.90	1.11	12.60	0.12	0.50
	3 934.17	—	33.60	0.40	1.90
柴油均值	3 515.04	1.11	12.60	0.12	0.50
液化气/g·kg^{-1}（IPCC，2006；陈菡，2017；Chen et al.，2016；Niu et al.，2014；Huang et al.，2014；Fang et al.，1995；孙永龙等，2015；生态环境部，2014）	3 101.30	0.05	2.05	0.06	0.52
	3 154.31	—	2.35	0.30	0.17
液化气均值	3 127.81	0.05	2.20	0.18	0.35
畜粪/g·kg^{-1}（IPCC，2006；Niu et al.，2014；Huang et al.，2014；Tian et al.，2008；Streets et al.，1998；Turn et al.，1997；孙永龙等，2015）	1 060.00	4.14	1.26	6.61	10.17
	747.17	3.54	3.63	0.63	—
	—	3.60	—	0.67	
畜粪均值	903.59	3.76	2.45	2.64	10.17
电力/g(kW·h)$^{-1}$（IPCC，2006；Niu et al.，2014；狄向华等，2005）	147.55	0.36	0.89	1.37	0.16
	147.66	—			
电力均值	147.61	0.36	0.89	1.37	0.16

6.2 总体分析

调研区人均年温室气体及大气污染物排放总量为 2 296.32 kg。CO_2 是家庭能源消费产生的主要温室气体，人均排放量为 2 272.18 kg，远高于 CH_4 的排放量(4 339 g)。其中煤炭使用是产生 CO_2 排放的主要原因，占 CO_2 排放总量的 30.67%。薪柴和畜粪的使用既是 CO_2 排放的重要来源，也是产生 CH_4 排放的最主要原因，共排放 66.60% 的 CH_4。大气污染物方面，排放量最高的是 $PM_{2.5}$，人均年排放 10 817.31 g，其次为 SO_2 和 NO_x，人均年排放量分别为 5 335.49 g 和 3 650.99 g。畜粪和煤炭是大气污染物产生的主要来源，二者相加排放的大气污染物在每种大气污染物的排放占比都超过 50%(表 6-2)。

陈菡等计算了 2013 年 30 个省(自治区/直辖市)人均生活用能的污染物排放量(陈菡等，2017)，因其没有将畜粪统计在能源消费中，故本文污染物计算结果去除畜粪部分。计算结果分别为：NO_x 为 2.44 kg、SO_2 为 4.03 kg、$PM_{2.5}$ 为 5.77 kg。通过纵向对比发现，2013 年和 2018 年青海省人均年污染物排放量相差无几，但 $PM_{2.5}$ 排放量有所减少。横向对比西部省份农村发现，青海省的 $PM_{2.5}$ 和 NO_x 排放量低于宁夏、甘肃、陕西、贵州，高于新疆农村地区；SO_2 排放量高于新疆、宁夏、甘肃、陕西，低于贵州。与拥有相似地理环境的甘南高原对比，青海省的 CH_4 和 NO_x 的排放量更低，CO_2 和 SO_2 的排放量更高。

表 6-2 调研区人均年污染物排放情况

能源类型	CO_2(kg)	CH_4(g)	NO_x(g)	SO_2(g)	$PM_{2.5}$(g)
电力	39.30	95.53	237.36	364.86	41.89
煤炭	696.88	521.77	649.55	3 403.93	2 949.60
汽油	247.50	80.37	569.78	14.35	16.86
柴油	34.07	10.76	122.14	1.16	4.85

(续表)

能源类型	CO_2(kg)	CH_4(g)	NO_x(g)	SO_2(g)	$PM_{2.5}$(g)
液化气	45.88	0.73	32.27	2.64	5.06
薪柴	477.63	740.13	452.39	144.26	1 464.58
秸秆	282.33	1 023.03	373.67	95.29	1 285.52
畜粪	448.59	1 866.67	1 213.83	1 308.99	5 048.95
合计	2 272.18	4 339.00	3 650.99	5 335.49	10 817.31

6.3 空间对比分析

对比牧区、农区和农牧交错区的温室气体及大气污染物排放情况发现，从污染物排放总量上看，牧区排放量最高（3 115.72 kg），农牧交错区次之（2 926.46 kg），农区最低（1 916.28 kg），这主要是各区域的人均能耗水平和能源消费结构的不同导致的。从单项污染物排放量上看，CO_2 是排放量最高的温室气体，且牧区排放量最高（3 070.57 kg），农牧交错区次之（2 898.09 kg），农区排放量最低（1 898.18 kg）。其他几种温室气体和大气污染物排放量相比，NO_x 排放量最低，$PM_{2.5}$ 排放量最高，每一种温室气体和大气污染物的排放量都是牧区最高，交错区次之，农区最低，这与人均能耗水平呈现相同的趋势。牧区的 $PM_{2.5}$ 排放量远高于其他两区，这主要是因为畜粪燃烧产生的 $PM_{2.5}$ 排放因子较高，而畜粪在牧区的能源消费结构占比较大，为61.25%（图6-1）。

6.3.1 牧区

在长期的游牧生活中，牧民形成了以畜粪、煤炭和薪柴为主的能源消费结构，燃烧产生了 CO_2、CH_4 等温室气体和 NO_x、SO_2、TSP 等大气污染物。CO_2 是牧区家庭能源消费中排放量最高的温室气体，均每年为3 856.82 kg，主要是由含碳丰富的畜类、煤炭、汽油、薪柴等燃烧产生（表6-3）。

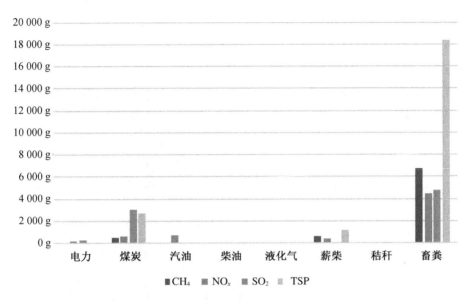

图 6-1 牧区人均年大气污染物排放量

表 6-3 牧区家庭年人均环境污染物排放情况

	CO_2/kg	N_2O/g	CH_4/g	NO_x/g	SO_2/g	TSP/g
电力	236.08	1.55	155.30	57.42	699.91	69.14
煤炭（直接）	731.29	9.40	936.85	603.18	5 133.21	417.09
煤炭（间接）	650.16	8.02	796.37	352.92	4 299.25	354.53
液化气	34.21	0.33	0.59	25.49	3.21	0.00
汽油	344.70	7.40	97.03	1 104.32	10.60	15.45
柴油	42.62	0.92	12.00	136.55	1.31	1.91
薪柴	379.69	21.09	707.20	303.87	164.95	798.87
秸秆	7.76	0.40	31.30	4.81	1.48	55.26
畜粪	1 430.31	90.24	6 768.03	6 948.51	1 209.22	18 409.04
合计	3 856.82	139.35	9 504.66	9 537.07	11 523.14	20 121.29

畜粪燃烧的 CO_2 排放因子相对不高，但因使用量占比较大，排放了 53% 的 CO_2（图 6-1）。对于 CH_4、NO_x、SO_2 和 TSP，牧区家庭人均年排放量分别为 9 504.66 g、6 433.25 g、9 537.07 g、11 523.14 g、20 121.29 g。畜粪燃烧产生排放了 53.3% 的温室气体和大气污染物，且 TSP 排放量远高于其他

污染物的排放量。这主要因为游牧民和半定居牧民使用的炉灶设备简陋(图6-2),加之牛羊粪的水分含量较高,燃烧不够充分,导致温室气体和污染物排放因子较高(孙永龙等,2015)。煤炭的使用是产生 SO_2 的重要原因,其排放占比37.15%的 SO_2。秸秆因为使用量小,产生的大气污染物是最少。牧区电力使用量较小,且青海省电力中清洁能源发电比例较高,所以电力使用排放的污染物量较小。柴油和液化气因为使用量较小,排放的污染物也较少,但部分牧民使用汽油驱动摩托车和家用轿车等交通工具,因而产生了少量 NO_x 排放。

图6-2 牧区家用炉灶(调研照片)

6.3.2 农区

农区家庭能源以煤炭、薪柴、秸秆和畜粪为主。青海省农区主要种植的农作物为甜菜、小麦、玉米、油菜、青稞等,其中小麦秆、油菜秆、玉米秸秆等均可作为燃料用于家庭日常炊事和取暖。生物质能源基本可以满足农区家庭日常炊事用能,煤炭和生物质能用于煤炭炉子和烧炕来满足取暖需求。农区家庭人均年 CO_2 排放量为2 977.11 kg,排放量远高于其他温室气体和大气污染物,生活碳排放总量和人均生活碳排放量均高于同属于西北地区的甘肃、宁夏、内蒙古等省份(曲建升,2013)。煤炭、薪柴和秸秆是产生 CO_2 排放的主要能源类型,其中煤炭排放了36.61%的 CO_2(图6-3)。对于 CH_4、NO_x、SO_2 和TSP,农区家庭人均年污染物排放量为4 989.72 g、3 172.19 g、11 623.31 g和6 096.78 g。

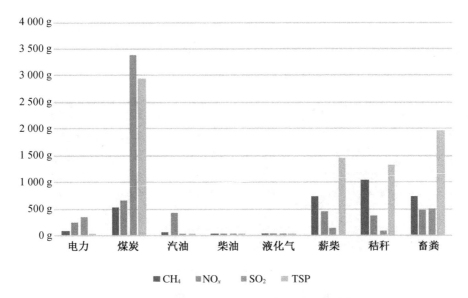

图 6-3 青海省农区人均年大气污染物排放量

表 6-4 农区家庭年人均环境污染物排放情况

能源类型	CO_2/kg	N_2O/g	CH_4/g	NO_x/g	SO_2/g	TSP/g
电力	277.41	1.82	182.49	67.47	822.45	81.25
煤炭(直接)	806.82	10.37	1 033.62	665.48	5 663.44	460.18
煤炭(间接)	717.32	8.85	878.63	389.38	4 743.35	391.15
液化气	30.52	0.30	0.53	22.74	2.86	0.00
汽油	216.42	4.65	60.92	693.34	6.65	9.70
柴油	11.87	0.26	3.34	38.04	0.36	0.53
薪柴	448.93	24.93	836.16	359.29	195.03	944.55
秸秆	315.26	16.28	1 272.16	195.33	60.20	2 245.94
畜粪	152.55	9.62	721.87	741.12	128.97	1 963.48
合计	2 977.11	77.07	4 989.72	3 172.19	11 623.31	6 096.78

煤炭的使用是农区家庭温室气体和大气污染物排放的主要来源,共排放了 36.66% 的温室气体和大气污染物,除 CH_4 外,产生的其他几种大气污染物量位居各类能源类型之首。秸秆、畜粪和薪柴等生物质能源的使用是细颗粒物产生的主要原因,共排放了 61.18% 的 TSP。青海省农村主要采用室内烧炕(图 6-4)和煤炭炉具(生物质炉灶)(图 6-5)等方式使用煤炭和生物质能

源,燃烧的密闭性相对较差,燃烧产生的烟尘导致室内空气质量变差。同时,由于能源利用效率较低、废弃物处理困难等问题,使得能源燃烧产生的有害物质直接进入或长期存蓄于居民生活环境中。

图 6-4　炕炉灶一体化(左)以及煨炕洞口(右)

图 6-5　农区家用的主要炉灶类型(调研照片)

6.3.3 农牧交错区

青海省农牧交错区家庭能源消费以煤炭、畜粪和薪柴为主,电力、柴油和液化气的使用量较小。CO_2 是排放量最高的温室气体,年人均排放量为 4 119.43 kg,煤炭、薪柴、畜粪和秸秆是 CO_2 排放主要来源(图 6-6)。农牧交错区家庭人均年污染物排放量为 CH_4(7 408.88 g)、NO_x(5 922.72 g)、SO_2(12 978.97 g)、TSP(11 040.20 g)。煤炭和畜粪排放的温室气体和大气污染物占比分别为 26.08% 和 16.64%。畜粪和汽油的使用是 NO_x 排放的主要来源,二者共排放了 46.22% 的 NO_x。煤炭的使用是 SO_2 排放的主要来源,排放了 62.75% 的 SO_2。TSP 的排放来自于薪柴、秸秆和畜粪等生物质能源直燃,排放了 73.51% 的 TSP(表 6-5)。

表 6-5 农牧交错区年人均环境污染物排放情况

	CO_2/kg	N_2O/g	CH_4/g	NO_x/g	SO_2/g	TSP/g
电力	343.52	2.25	225.97	83.55	1 018.44	100.61
煤炭(直接)	872.73	11.21	1 118.06	719.85	6 126.10	497.77
煤炭(间接)	775.92	9.57	950.41	421.19	5 130.83	423.10
液化气	105.83	1.04	1.84	78.86	9.93	0.00
汽油	463.27	9.95	130.40	1484.18	14.24	20.76
柴油	119.61	2.57	33.67	383.19	3.68	5.36
薪柴	527.70	29.30	982.86	422.32	229.24	1 110.26
秸秆	494.37	25.53	1 994.95	306.31	94.41	3 521.99
畜粪	416.48	26.28	1 970.72	2 023.27	352.10	5 360.35
合计	4 119.43	117.70	7 408.88	5 922.72	12 978.97	11 040.20

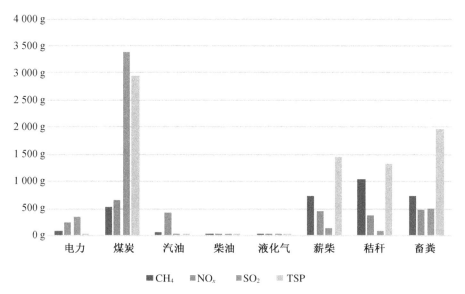

图6-6 青海省农牧交错区人均年大气污染物排放量

6.4 小结

农区、牧区和农牧交错区家庭能源消费结构以传统生物质能源为主,调研区人均年温室气体及污染物排放总量为2 296.32 kg,在人均排放量上,牧区家庭最高,其次为农牧交错区和农区。CO_2是家庭能源消费产生的主要温室气体,污染物排放量由高到低依次为TSP、SO_2和NO_x。煤炭、薪柴和畜粪的使用是产生CO_2的主要原因,畜粪和煤炭是污染物产生的主要来源。青海省家庭能源消费产生的TSP和NO_x排放量低于西部其他农村地区,SO_2排放量高于西部其他农村地区,CH_4排放量低于甘南地区。电力、柴油和液化气因使用量小,产生的空气污染物也较少;从空间格局上看,牧区污染物排放总量最高,农牧交错区次之,农区最低,每一种温室气体和污染物排放量也呈现相同趋势,这主要与人均能耗水平有关。牧区的TSP排放量远高于其他两区,这主要与畜粪TSP排放因子较高,且牧区畜粪消费比重较高,畜粪的燃烧是导致牧区室内空气质量较差的主要原因,煤炭的使用是造成农区和农牧交错区温室气体和大气污染物排放的重要原因。

典型家庭能源消费物质流建模

以家庭为基本单位进而建立典型家庭能源物质流模型,可以纵向观察能源在原态、加工、消费、废弃这一系列过程中形态、功能、价值的转移和变化,有助于分析能源系统要素之间的时空关系及行为主体关系(成升魁,2006),进而为能源流动过程中涉及的不同环节高效运转提供依据。根据不同家庭收入分组,建立典型家庭的物质流模型,分析能源从生产、购买到家庭各部分消费,最终转化成废气或灰烬排放的整个过程的能源物质流动情况。有助于对青海省农区、牧区和农牧交错区家庭能源消费情况有更直观、明晰的了解,切实缓解能源贫困问题。为此,本研究分别计算了低收入、中收入和高收入家庭的平均能源消费过程,建立家庭能源物质流模型。

7.1 牧区典型家庭能源活动建模分析

牧区低收入家庭能源消费以畜粪、煤炭和薪柴等为主。取暖和炊事用能主要为畜粪、煤炭和薪柴,合计为 2 050 kg(1 107 kg 标准煤),家电耗能为 300 kW·h(37 kg 标准煤)每年。家庭 A 的能源消费每年共产生 86.4 kg 煤灰和 323 kg 草木灰,以及排放废气。CO_2 人均年排放量为 3 947.20 kg,其次为 CH_4,为 5 826.45 g,N_2O 的产生量最低,仅为 87.34 g。SO_2 是家庭能源消费产生的最主要污染物,人均年排放量高达 12 511.02 g,煤炭是产生 SO_2 的主要能源,占总排放量的 64%;排在其次的为 $PM_{2.5}$,为 9 442.60 g;NO_x 的排放量相对较低,为 5 084.93 g。电力和煤炭为产生温室气体和污染物最主要的来源,分别为 1 288 kg 和 1 150 kg;畜粪和液化气次之,人均年排放量分别为 608 kg 和 474 kg。排放量最少的为汽油,为 94.83 kg(图 7-1、表 7-1)。

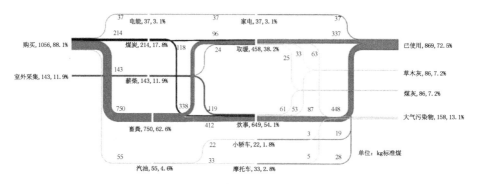

图 7-1 牧区家庭 A 能源物质流模型

表 7-1 牧区家庭 A 能源消费产生温室气体和污染物情况

	CO_2/kg	N_2O/g	CH_4/g	NO_x/g	SO_2/g	TSP/g
电力	1 283.08	8.41	844.03	312.07	3 803.95	375.78
煤炭	1 139.67	14.64	1 460.03	940.02	7 999.80	650.01
液化气	473.15	4.63	8.23	352.55	44.41	0
汽油	94.49	2.03	26.60	302.73	2.90	4.23
柴油	0	0	0	0	0	0
薪柴	362.44	20.13	675.06	290.07	157.45	762.57
秸秆	0	0	0	0	0	0
畜粪	594.38	37.50	2 812.50	2 887.50	502.50	7 650.00
合计	3 947.20	87.34	5 826.45	5 084.93	12 511.02	9 442.60

牧区中收入家庭能源消费以畜粪、煤炭和汽油、柴油等为主。取暖和炊事用能主要为畜粪、煤炭和薪柴,合计为 269 278 kg(35 373 kg 标准煤)。家电耗能为 1 200 kW·h(147 kg 标准煤)每年。家庭 B 的能源消费每年共产生 864 kg 煤灰和 11 958 kg 草木灰,以及排放废气。CO_2 是产生的最主要的温室气体,人均年排放量为 12 759.83 kg;其次为 CH_4(51 686.97 g);N_2O 的产生量最低,仅为 701.33 g。TSP 是家庭能源消费产生的最主要污染物,人均年排放量高达 134 624.84 g,其中,畜粪是产生 TSP 的主要能源,占总排放量的 98%;SO_2、NO_x 的排放量也处于较高的水平,依次为 19 254.06 g、

52 884.30 g。由于家庭 B 收入来源主要以畜牧业为主,平均拥有草地面积 2 000 亩,拥有牛羊数量约为 500 头,畜粪成为使用最广泛的能源,产生温室气体和污染物的排放量最高,为 10 543.26 kg。其次是煤炭,为 1 397.92 kg。在该地区,家庭的年取暖时间在 6 个月以上,而煤炭和畜粪作为取暖的主要能源,因此消费量较高,产生温室气体和污染物的排放量较高。电力、汽油和薪柴的使用量差别不大,约 300 kg(图 7-2、表 7-2)。

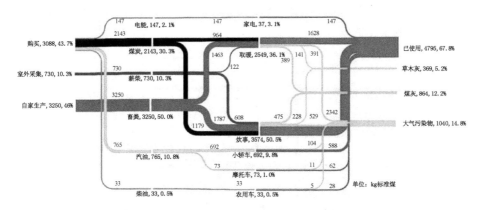

图 7-2 牧区家庭 B 能源物质流模型

表 7-2 牧区家庭 B 能源消费产生温室气体和污染物情况

	CO_2/kg	N_2O/g	CH_4/g	NO_x/g	SO_2/g	TSP/g
电力	256.62	1.68	168.81	62.41	760.79	75.16
煤炭	1 367.60	17.57	1 752.04	1 128.02	9 599.76	780.02
液化气	0	0	0	0	0	0
汽油	392.64	8.43	110.52	1 257.90	12.07	17.60
柴油	17.85	0.38	5.02	57.17	0.55	0.80
薪柴	370.42	20.57	689.92	296.45	160.92	779.35
秸秆	52.20	2.70	210.66	32.35	9.97	371.91
畜粪	10 302.50	650.00	48 750.00	50 050.00	8 710.00	132 600.00
合计	12 759.83	701.33	51 686.97	52 884.30	19 254.06	134 624.84

牧区高收入家庭能源消费以畜粪、煤炭和汽油、柴油等为主。取暖和炊

事用能主要为畜粪、煤炭和薪柴,合计为 6 643 kg(3 867 kg 标准煤)。家庭 C 家电耗能为 1 200 kW·h(147 kg 标准煤)每年。家庭 C 能源消费每年共产生 576 kg 煤灰和 747 kg 草木灰,以及排放废气。CO_2 人均年排放量为 4 187.27 kg,其次是 CH_4,为 6 025 g,N_2O 的排放量最低,为 120.32 g。能源燃烧产生污染物 NO_x、SO_2、TSP 的排放量大致相同,分别约为 9 306.51、9 759.16 和 9 715.37 g。汽油和煤炭为产生温室气体和污染量最主要的来源,分别为 1 321.27、1 150.73 kg。薪柴和蓄粪的排放量分别约为 598.44 和 607.77 kg(图 7-3)。

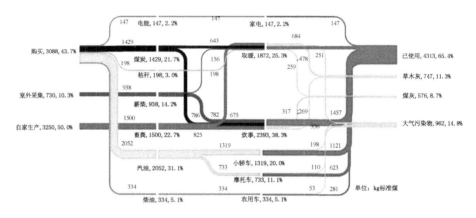

图 7-3 牧区家庭 C 能源物质流模型

表 7-3 牧区家庭 C 能源消费产生温室气体和污染物情况

	CO_2/kg	N_2O/g	CH_4/g	NO_x/g	SO_2/g	TSP/g
电力	320.77	2.10	211.01	78.02	950.99	93.94
煤炭	1 139.67	14.64	1 460.03	940.02	7 999.80	650.01
液化气	0	0	0	0	0	0
汽油	1 316.55	28.28	370.58	4 217.83	40.47	59.00
柴油	220.59	4.74	62.09	706.70	6.78	9.89
薪柴	595.31	33.06	1 108.79	476.44	258.62	1 252.52
秸秆	0	0	0	0	0	0
畜粪	594.38	37.50	2 812.50	2 887.50	502.50	7 650.00
合计	4 187.27	120.32	6 025.00	9 306.51	9 759.16	9 715.37

牧区家庭炊事和取暖方面用能以畜粪和薪柴、秸秆等传统生物质能源为主。从家庭污染物排放总量来看,由于中等收入家庭使用的畜粪较多,而畜粪又是造成各种温室气体和污染物排放量较高的主要来源。因此,中等收入家庭的温室气体和污染物的排放量远高于低收入和高收入家庭。从污染物排放类型来看,在不同收入类型的家庭中,CO_2 仍然为产生量最高的温室气体;在低收入和高收入的家庭中,排放量最高的污染物为 SO_2,主要由煤炭使用所导致;在中等收入的家庭中,TSP 为排放量最高的污染物,家庭能源的使用以畜粪为主,为 65 000 kg,使用煤炭的量为 3 000 kg,产生 SO_2 量也较多,但由于畜粪的量远远高于煤炭,因此 TSP 的排放量高于 SO_2。笔者在调研中发现,在海南藏族自治州德胜村,一个五口之家的两名成员拥有本科学历,他们指导其他家庭成员开展了节能措施,如使用畜粪来保温水壶;在取暖方面,则指导家庭成员在两间房屋内部使用铁管传热,提高热能利用效率,降低了传统能源的消费总量(图 7-4)。

图 7-4 牧民节能措施

7.2 农区典型家庭能源活动建模分析

农区低收入家庭能源消费以秸秆、煤炭、薪柴和液化石油气为主,商品能源占比为 48.6%,取暖用能主要为煤炭,炊事用能主要为秸秆、薪柴和液化气,一年消费煤炭约 800 kg(571 kg 标准煤),秸秆 1 460 kg(793 kg 标准煤)。

家庭 A 能源消费年耗能约为 2 355 kg 标准煤,产生约 219 kg 草木灰和 200 kg 煤灰,并排放废气。CO_2 人均年排放量为 1 043.18 kg;其次为 CH_4 (1 601.12 g);N_2O 的产生量最低,仅为 26.10 g。SO_2 是家庭 A 能源消费产生的最主要污染物,人均年碳排放量高达 3 013.97 g,煤炭是产生 SO_2 的主要能源,占总排放量的 70%;其余的污染物 TSP、NO_x 的排放量相对较低,依次为 1 861.02 g、753.07 g。煤炭为产生温室气体和污染物量最高的能源,为 305 kg;薪柴和秸秆次之,分别为 177.32、176.11 kg。家庭 A 生计方式以种植业为主,获取秸秆和薪柴较为方便,其产生的 CO_2 和 N_2O 的量相差无几,但由于秸秆的 CH_4 的排放因子较高,产生的 CH_4 高于薪柴,同时薪柴 SO_2 排放因子较高,所以产生 SO_2 的量高于秸秆,而且秸秆也是造成 TSP 大量排放的原因(图 7-5,表 7-4)。

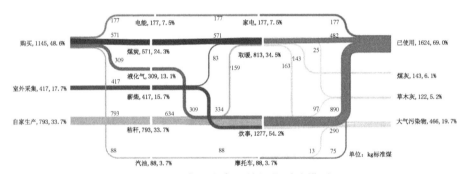

图 7-5 农区家庭 A 能源物质流模型

表 7-4 农区家庭 A 能源消费产生的温室气体和污染物情况

	CO_2/kg	N_2O/g	CH_4/g	NO_x/g	SO_2/g	TSP/g
电力	256.62	1.68	168.81	62.41	760.79	75.16
煤炭	303.91	3.90	389.34	250.67	2 133.28	173.34
液化气	94.63	0.93	1.65	70.51	8.88	0
汽油	37.61	0.81	10.59	120.49	1.16	1.69
柴油	0	0	0	0	0	0
薪柴	176.39	9.80	328.53	141.17	76.63	371.12
秸秆	174.02	8.98	702.20	107.82	33.23	1 239.71
畜粪	0	0	0	0	0	0
合计	1 043.18	26.10	1 601.12	753.07	3 013.97	1 861.02

农区中收入家庭能源消费以秸秆、煤炭、薪柴和液化气为主,商品能源占比为54.5%,每年消费煤炭1 000 kg(714 kg标准煤),秸秆1 460 kg(793 kg标准煤),其中煤炭主要用于取暖,秸秆、薪柴和液化气主要用于炊事,家庭B能源消费耗能一年约为2 656 kg标准煤。一年因家庭能源消费约产生煤灰250 kg,草木灰219 kg,并产生废气。CO_2人均年碳排放量为1 389.68 kg;其次为CH_4(2 031.97 g);N_2O的产生量最低,仅为34.26 g。SO_2人均年碳排放量高达4 107.60 g,SO_2占总排放量的78%;其余的污染物TSP、NO_x的排放量相对较低,依次为2 274.58 g、1 280.38 g。煤炭为产生温室气体和污染物量最高的能源,为460.30 kg;薪柴和秸秆次之,分别为212.78 kg、211.33 kg。家庭B交通工具主要是摩托车和农用车,由于摩托车的出行距离高于农用车,所以汽油产生温室气体和污染物的量均高于柴油(图7-6,表7-5)。

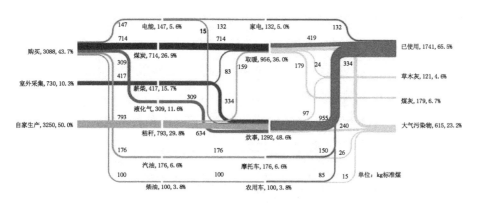

图7-6 农区家庭B能源物质流模型

表7-5 农区家庭B能源消费产生的温室气体和污染物情况

	CO_2/kg	N_2O/g	CH_4/g	NO_x/g	SO_2/g	TSP/g
电力	256.62	1.68	168.81	62.41	760.79	75.16
煤炭	455.87	5.86	584.01	376.01	3 199.92	260.01
液化气	113.56	1.11	1.97	84.61	10.66	0
汽油	90.26	1.94	25.41	289.17	2.77	4.05
柴油	52.88	1.14	14.88	169.40	1.63	2.37

(续表)

	CO_2/kg	N_2O/g	CH_4/g	NO_x/g	SO_2/g	TSP/g
薪柴	211.67	11.75	394.24	169.40	91.95	445.34
秸秆	208.82	10.78	842.65	129.38	39.88	1 487.65
畜粪	0	0	0	0	0	0
合计	1 389.68	34.26	2 031.97	1 280.38	4 107.60	2 274.58

农区高收入家庭能源消费以煤炭、秸秆和畜粪为主,商品能源占比为60.1%,家庭年消费煤炭5 000 kg(1 429 kg标准煤)、秸秆1 095 kg(595 kg标准煤)。家庭C取暖用能主要为煤炭,炊事用能主要为秸秆、液化气和薪柴,并购买1 095 kg(548 kg标准煤)畜粪用于炊事。家庭年产生1 250 kg煤灰和256 kg草木灰,并排放废气。CO_2人均年排放量为1 268.55 kg;其次为CH_4(2 079.12 g);N_2O的产生量最低,仅为28.43 g。SO_2人均年碳排放量达5 720.21 g,其中,煤炭是产生SO_2的主要能源,占总排放量的93%,其余的污染物TSP、NO_x的排放量相对较低,依次为2 506.87 g、1 379.91 g。煤炭为产生温室气体和污染物量最高的能源,为767.17 kg;秸秆次之,为132.08 kg。电力、液化气、薪柴和畜粪的使用量大致相同分别为85.89 kg、85.65 kg和75.01 kg左右。家庭C交通工具主要是摩托车和农用车,消费汽油和柴油的量相差不大,各类温室气体和污染物的量大致相同(表7-6,图7-7)。

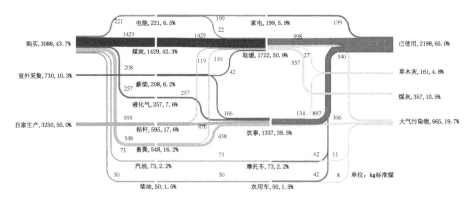

图7-7 农区家庭C能源物质流模型

表 7-6 农区家庭 C 能源消费产生温室气体和污染物情况

	CO_2/kg	N_2O/g	CH_4/g	NO_x/g	SO_2/g	TSP/g
电力	85.54	0.56	56.27	20.80	253.60	25.05
煤炭	759.78	9.76	973.35	626.68	5 333.20	433.34
液化气	78.86	0.77	1.37	58.76	7.40	0
汽油	31.32	0.67	8.82	100.34	0.96	1.40
柴油	22.03	0.47	6.20	70.58	0.68	0.99
薪柴	88.19	4.90	164.27	70.58	38.31	185.56
秸秆	130.51	6.74	526.65	80.86	24.92	929.78
畜粪	72.32	4.56	342.19	351.31	61.14	930.75
合计	1 268.55	28.43	2 079.12	1 379.91	5 720.21	2 506.87

在农区,从低收入家庭 A 到高收入家庭 C,用于取暖的能源占比依次为 34.5%、36.0%、50.9%,呈增加趋势,由于低收入家庭用于取暖的能源预算较高,用于交通和娱乐的能源支出预算较低,收入较高的家庭对住房舒适度要求更高(Chen et al.,2006),用于取暖的能源消费占比也随之增加,取暖能源也更倾向于使用清洁、高效和方便的商品能源;随着家庭收入的增加,用于家电和交通的能源比例也有所增加,但用于炊事的比例有所下降。在收入水平相同的家庭中,家庭规模与人均能源消费呈负相关。成员较少的家庭往往比成员较多家庭使用更多的人均能源,这与吉林省和江苏省的农村家庭情况一致,且人口规模大的家庭倾向于选择成本低或者零成本的非商品性能源。在三类家庭中,高收入家庭成员平均受教育年限较高(平均受教育年限为 7 年),这类家庭更愿意选择清洁能源,产生的污染物较少,这与董梅等在陕西农村地区的研究一致(董梅等,2018)。

7.3 农牧交错区典型家庭能源活动建模分析

农牧交错区低收入家庭能源消费以薪柴、秸秆、畜粪和煤炭为主,商品能源占比27.0%。取暖用能主要为煤炭和畜粪,炊事用能主要为薪柴、秸秆和液化气,年均消费薪柴5 110 kg(291 kg标准煤),秸秆1 825 kg(991 kg标准煤),畜粪1 825 kg(913 kg标准煤),煤炭约1 000 kg(714 kg标准煤)。家庭A年均消费能源总量为6 615 kg标准煤,产生约482 kg草木灰和146 kg煤灰,并产生废气。CO_2人均年排放量为3 438.03 kg,其次为CH_4(6 888.94 g),N_2O的产生量最低(140.89 g)。TSP是家庭A能源消费产生的最主要污染物,人均年排放量为10 916.63 g,其中,薪柴、秸秆和蓄粪均占TSP总排放量的30%。SO_2、NO_x的排放量大致相同,依次为5 126.84、4 028.46 g。薪柴是产生温室气体和污染物量最高的能源,为1 489.27 kg;秸秆和煤炭秸秆次之,分别为528.32、460.30 kg。交通工具主要以摩托车为主,汽油的使用量较低,产生温室气体和污染物总量为154.69 kg(图7-8,表7-7)。

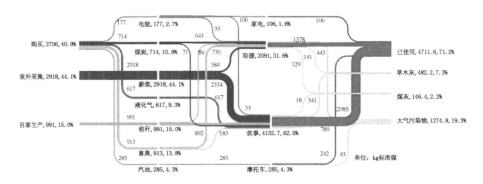

图7-8 农牧交错区家庭A能源物质流模型

表7-7 农牧交错区家庭A能源消费产生温室气体和污染物情况

	CO_2/kg	N_2O/g	CH_4/g	NO_x/g	SO_2/g	TSP/g
电力	307.94	2.02	202.57	74.90	912.95	90.19
煤炭	455.87	5.86	584.01	376.01	3 199.92	260.01
液化气	227.11	2.22	3.95	169.22	21.32	0
汽油	154.14	3.31	43.39	493.83	4.74	6.91
柴油	0	0	0	0	0	0

(续表)

	CO_2/kg	N_2O/g	CH_4/g	NO_x/g	SO_2/g	TSP/g
薪柴	1 481.66	82.28	2 579.66	1 185.80	643.67	3 117.39
秸秆	522.05	26.95	2 106.61	323.45	99.69	3 719.13
畜粪	289.26	18.25	1 368.75	1 405.25	244.55	3 723.00
合计	3 438.03	140.89	6 888.95	4 028.46	5 126.84	10 916.63

农牧交错区中收入家庭能源消费以薪柴、煤炭和畜粪为主,商品能源消费占比为42.7%。年均消费薪柴4 560 kg(2 604 kg 标准煤),煤炭2 000 kg(1 429 kg 标准煤),畜粪1 825 kg(2 250 kg 标准煤),其中煤炭和畜粪主要用于取暖,薪柴等主要用于炊事。家庭 B 年均消费能源总量为 6 137 kg 标准煤,产生煤灰357 kg,草木灰 352 kg,并产生废气。CO_2 人均年排放量为3 434.95 kg,其次为 CH_4(5 401.56 g),N_2O 的排放量最低,仅为115.83 g。SO_2 和 TSP 是家庭能源消费产生的最主要污染物,人均年排放量分别为8 608.80、7 175.51 g,其中,煤炭对产生 SO_2 的贡献量最大,占总排放量的74%,薪柴和畜粪对 TSP 的贡献率分别为39%、52%。NO_x 的排放量相对较低,为 4 505.30 g。薪柴为产生温室气体和污染物量最主要能源,为1 329.14 kg;煤炭次之,为920.58 kg。柴油的产生量最低,仅为 65.54 kg(图7-9,表7-8)。

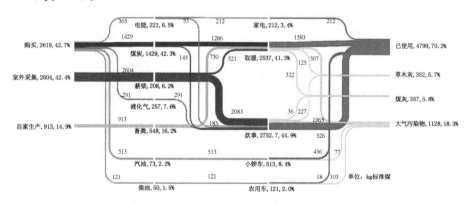

图 7-9　农牧交错区家庭 B 能源物质流模型

表7-8 农牧交错区家庭B能源消费产生温室气体和污染物情况

	CO_2/kg	N_2O/g	CH_4/g	NO_x/g	SO_2/g	TSP/g
电力	461.91	3.03	303.85	112.34	1 369.42	135.28
煤炭	911.73	11.71	1 168.02	752.02	6 399.84	520.01
液化气	107.25	1.05	1.87	79.91	10.07	0
汽油	277.30	5.96	78.05	888.39	8.52	12.43
柴油	65.31	1.40	18.38	209.22	2.01	2.93
薪柴	1 322.19	74.43	2 462.64	1 058.17	574.39	2 781.86
秸秆	0	0	0	0	0	0
畜粪	289.26	18.25	1 368.75	1 405.25	244.55	3 723.00
合计	3 434.95	115.83	5 401.56	4 505.30	8 608.80	7 175.51

农牧交错区高收入家庭能源消费以畜粪、煤炭和秸秆为主,商品能源占比为47.6%。年均家庭能源消费畜粪4 500 kg(2 250 kg标准煤),煤炭约2 000 kg(1 429 kg标准煤),秸秆1 300 kg(706 kg标准煤)。家庭C取暖用能以畜粪和煤炭为主,炊事用能以秸秆和液化气为主。年均因家庭能源消费约产生357 kg煤灰和323 kg草木灰,并产生废气。CO_2人均年排放量为4 061.63 kg,其次为CH_4(8 474.22 g),N_2O的产生量最低,仅为123.20 g。TSP是家庭C能源消费产生的最主要污染物,人均年排放量高达16 017.73 g,畜粪使用产生的TSP占总排放量的72%,秸秆次之,占总排放量的21%。SO_2的排放量次之,为10 851.89 g,煤炭的贡献率为74%。排放量最低的为NO_x,为4 505.30 g。煤炭为产生温室气体和污染物量主要能源,为1 150.55 kg;畜粪和电力次之,分别为909.47、644.21 kg(图7-10,表7-9)。

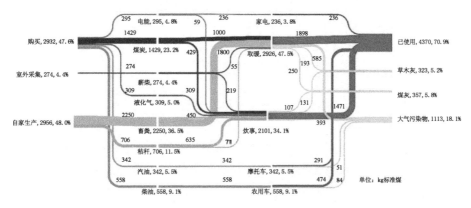

图 7-10 农牧交错区家庭 C 能源物质流模型

表 7-9 农牧交错区家庭 C 能源消费产生温室气体和污染物情况

	CO_2/kg	N_2O/g	CH_4/g	NO_x/g	SO_2/g	TSP/g
电力	641.54	4.20	422.01	112.34	1 901.98	187.89
煤炭	1 139.67	14.64	1 460.03	752.02	7 999.80	650.01
液化气	141.94	1.39	2.47	79.91	13.32	0
汽油	231.41	4.97	65.14	888.39	7.11	10.37
柴油	376.70	8.09	106.03	209.22	11.58	16.88
薪柴	173.97	9.66	324.03	1 058.17	75.58	366.03
秸秆	464.84	24.00	1 875.75	0	88.77	3 311.55
畜粪	891.56	56.25	4 218.75	1 405.25	753.75	11 475.00
合计	4 061.63	123.20	8 474.21	4 505.30	10 851.89	16 017.73

在农牧交错区,对比同属于中收入的藏族和回族家庭能源物质流发现,不同文化背景的家庭在能源消费上存在着较为明显的差异,这主要由于不同文化属性家庭的生产、生活习惯不同,使其对能源消费的需求迥异。例如,回族家庭的商品能源消费占比(42.7%)高于藏族家庭(39.9%),但非商品能源消费占比(57.3%)低于藏族家庭(60.1%),清洁能源消费占比(4.3%)也低于藏族家庭(7.2%);从单向能源来看,两个民族家庭能源消费均以煤炭为主,但回族家庭更倾向于使用薪柴和秸秆,藏族家庭更倾向于使用畜粪。在能源

用途方面,藏族家庭的炊事用能占比(49.5%)高于回族家庭(44.9%),这可能受当地文化影响,特定时期炊事用能较少。

7.4 小结

综合对比以上9个家庭能源物质流模型,从低收入分组的家庭,到高收入分组的家庭,家庭能源的种类有所增多,能源消费体量有所增加,能源流动更趋频繁。高收入家庭相较于低收入家庭,商品能源消费比例有所增大,煤炭、汽油、柴油、液化气等能源的消费量有所增加。用于取暖的能源占比呈现增加的趋势,家电和交通用能占比随家庭收入增加也有增加的趋势,炊事用能占比有减少的趋势。各种能源最终约70%以上能够转化为热能或机械能被利用,另外约30%则以草木灰、煤灰和大气污染物的形式没有被直接利用。

家庭能源消费优化策略

> 人-地关系关系研究的目标是实现从空间结构、时间过程、组织序变、整体效应以及协同互补之间实现区域人-地关系系统的整体优化、综合平衡及有效调整。
>
> ——吴传钧

制定精准优化策略的关键要素之一是对家庭能源消费有着深刻而全面的认识。在城镇化、工业化等人类活动影响以及气候变化、区域生态治理等要素作用下,以青海省为案例区域开展家庭能源消费结构特征研究,系统阐明区域家庭能源消费的时空变化规律与驱动影响因素,有利于填补家庭能源消费和政策制定之间的知识空白,并对西北地区,特别是生态环境脆弱的青藏高原地区的生态文明建设和能源转型方案制定提供科学依据,在推进家庭部门的能源可持续转型过程中,应以"便利化、清洁化、绿色化"为主要原则,形成合力。

8.1 加强政策制定,夯实数据统计

8.1.1 分区制定政策

区域地理环境特征及资源禀赋决定了家庭能源结构的基本特征,如牧区以畜粪为主要家庭能源;农区家庭以薪柴、秸秆为主;农牧交错区则兼具二者特征。因此,要根据每个区域特征制定精准政策,构建政策协同框架,将能源政策与环境政策及社会经济发展政策有机统一起来,建立大能源政策体系

(薛冰,2017)。

(1) 牧区。牧区相对偏远,建议建设光伏+储能+微电网项目,结合光伏系统和锂电池储能系统,保障清洁能源使用。由于牧区人口密度低,使得建设小型光伏电站和水电站比扩建电网更具有成本效益,建议构建牧区新型光伏用能体系,通过绿色能源综合利用与建筑一体化技术集成;通过太阳能主被动利用相结合技术以及小型光伏储能微电网技术和风光互补供电系统,改变牧区单一的以畜粪为主的家庭能源结构,解决无电区家庭的用电问题。通过价格补贴的方式,鼓励居民使用小型太阳能发电设备。还可以通过降低供电价格,减轻牧民负担,改变牧区用电状况。

(2) 农区。优化能源消费结构。农区拥有丰富的秸秆资源,且居民住所相对集中,可引进秸秆气化、秸秆压块等技术。实际上,由于青海省农作物残茬资源丰富,秸秆成型煤具有很大的发展潜力,秸秆成型煤的发展重点已列入中长期发展规划。另外,设置液化气等燃料供应点,增加清洁能源供给。

(3) 农牧交错区。农牧交错区能源消费结构呈多元化趋势,建议增加现代能源供给,通过价格补贴等措施,提高能源公共服务水平,完善家庭用能基础设施,推进居民生活领域的电能替代,减少对畜粪等传统能源的依赖。目前青海省已在农区开展"煤改气"工程,建议将其进一步覆盖至农牧交错区,探索以分布式能源形式开展的"煤改气"工程,并根据不同收入家庭制定补助标准,向中低收入家庭倾斜。

8.1.2 加强生活能源消费统计工作

调研发现,县级农村能源的统计工作是国家能源统计中相对薄弱的环节,难以提供系统、准确的能源需求数据。实际上,中国缺乏严格抽样意义下的全国大规模微观家庭能源消费数据统计资料(廖华等,2019),既有的统计数据主要是省级尺度的仅包含用于炊事和取暖的能源消费的宏观经济数据,家庭尺度的数据缺失是目前面临的共性。在中国家庭能源消费调查方面,覆盖范围较广的主要是由中国人民大学开展的中国家庭能源消费调查(CRCES)项目,其通过开展三轮调查,覆盖了中国省级行政区域中的一部分,但在样本数据的时空覆盖依然存在空白。在国家统计层面,由于历史原因,农村能源工作一直是农业部归口管理,未列入国家能源统计体系,如青海省统计年鉴能源部分仅有生活能源消费的总体数据,能源统计年鉴里也只有人均生活用能等数据,然而,从发展趋势看,这种机制已不能适应农村能源需求迅速增长、结构快速变化的形势。农村商品能源消费比重仍在稳步上升,农村能源已经成为国家能源体系的重要组成部分。应进一步加强农村生产和生活终端用能的统计分析。为保证统计数据能够充分反映乡镇企业的实际用能情况,建议国家能源主管部门进行农村生产、生活用能的统一定义。其次,建议统计部门应尽快把农村能源纳入国家统计体系,加强县级能源统计管理和组织能力建设。

8.1.3 加强交通部门能源政策制定

交通能源的获取和消费也应纳入能源贫困的重点(Sovacool,2012)。由于家用汽车、农用车和新能源车等现代交通运输车辆的逐步普及,交通能源已成为家庭能源消费的主要增长点,并呈现出进一步的增长趋势。因此,在未来的能源政策中,有必要增加运输部门的注意力。应积极推进绿色交通行动计划。打造绿色循环低碳生活交通运输体系,积极倡导绿色出行方式。充分发挥市场在资源配置中的决定性作用,全面开放农区、牧区和农牧交错区交通市场建设,加快农牧户新能源车的推广应用,培育新兴新能源汽车消费市场。增加区域公共汽车、出租车中新能源、清洁能源车辆比例。按规定标准建设布局合理、使用方便的电动汽车充电基础设施,建立和完善方便快捷的服务体系,促进电动汽车产业发展和电力消费。增加村级公交车中新能源公交车比重,同时新建充换电站(电桩)以满足电动车充电需求。

8.2 优化炉灶设备,改造住宅外墙

研究结果显示,调研区域约有40%的农户在使用畜粪、薪柴和秸秆作为炊事燃料,还有80%的家庭使用煤。转换使用液化气和电力等清洁能源是有效地实现清洁炊事和取暖的方式,但是商品能源的价格远高于传统固体燃料,而且对配套炉灶和运输设施的要求也较高。相比之下,生物质资源产量大且容易获得,可以在当地免费收集或以极低的价格购买。因此,在贫困的

农区、牧区以及农牧交错区,只有经济得到充分发展,家庭能源转型才有可能发生。预计接下来在非城镇地区,固体燃料仍然是人们日常炊事和取暖的主要燃料。然而研究结果显示,农户燃烧固体燃料产生的温室气体及污染物对健康有极大的危害。减轻用户燃烧固体燃料产生的健康危害需要有效的发展措施,如实现大规模地推广清洁炉灶进行炊事和取暖。调研区域的住户用炉灶主要包括生物质炉具、燃煤灶、沼气灶以及太阳灶(图8-1)。

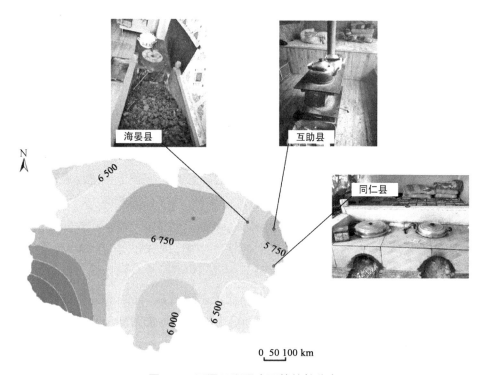

图8-1 不同日照强度下的炉灶分布

8.2.1 优化炉灶设备

(1)生物质炉具。生物质炉具和燃煤炉具在调研区域的需求量大,且燃煤炉具行业在商业化市场中运作。受制于使用便利性,沼气灶和太阳能灶的需求量较少。使用生物质炉具的主要是中低收入家庭,其对现代燃料和炉具的使用相当有限。然而,生物质炉具的使用会产生环境效应,且对人体健康产生负面影响,要实现现代能源服务的普及,关键要满足家庭能源的需求。

8 家庭能源消费优化策略

因此,需要采取有效的发展策略,提升低收入家庭清洁高效炉灶的使用率。目前生物质炉具的销售主要在贫困地区,商业化不足和严重依赖政府补贴,产品标准滞后,建议建立行业标准,提高政府项目中的炉灶性能,引入以市场为基础的方法。企业应该优先投资于技术创新和技术培训领域,提高炉灶的质量和水平。

(2) 燃煤灶。目前燃煤灶在 NO_x 和 CO_2 排放方面还没有制定国家标准,青海的燃煤灶市场高度商业化且供应稳定,但受气候影响,以及煤炭价格、原材料和劳动力成本的波动,燃煤灶市场面临着一些阻碍高品质清洁炉灶推广和销售的障碍。因此,为提高市场的稳定性,建议政府加大力度,逐步淘汰低质量的传统燃煤灶。

(3) 沼气灶。近几年,国家加强了农村户用沼气池使用服务体系建设,调研区域的不少地方都有国家资金补助建立的乡村服务站。然而,目前户用沼气池利用率低,农牧民缺乏使用或建设沼气池的积极性。主要原因包括社会化服务体系建设滞后、牲畜养殖减少、技术进步缓慢、前期投资大而后期补贴不足等。要解决这些问题,应增加沼气池在农区养殖户中的使用,普及沼气利用的好处。例如,沼气渣具有较高肥料价值,可以用作种植户替代化肥。鼓励研发用于沼气池的新产品、新技术和新材料,提升沼气建设的技术水平。同时,建议加大政策支持或改进现行机制,鼓励家庭使用沼气。例如,将沼气设备列入农机补贴范围,减轻沼气企业和用户的负担。学习德国沼气发展的经验,制定较为完善的补助政策体系,从企业投入到产出的不同阶段,都制定相应的补贴机制,吸引投资商投入到沼气工程项目中。

(4) 太阳能灶。调研区域使用的太阳能灶一般是厚水泥壳灶,反光材料采用废玻璃镜片。青海省太阳能资源丰富,具有使用太阳能灶的便利,但是销售主要依赖政府采购与补贴,由于需求集中在较贫困的地区,这些地区商业运作的利润率也较低,真正的商业化销售占总销量不到20%,且太阳能灶的质量也有较大差别,生产技术与性能的标准制定都需要加强。因此,建议完善现有的太阳能灶技术,政府通过科研项目支持,研发稳定和持久的反光材料,加快太阳能灶自动跟踪阳光装置和环保轻巧的太阳能灶研制。同时,为有效推广太阳能灶,不同地区应采取差异化方式。如在低收入家庭,由于家庭支付能力低,生产商盈利困难,可以将太阳能灶推广与扶贫项目相结合,并继续提供补贴。在中收入家庭且太阳能资源丰富的地区,应鼓励企业建立多元化的销售方法和完善销售服务,并开展普及太阳能灶有关的宣传活动。

8.2.2 改造住宅外墙

调研发现,由于青海省常年温度较低,取暖期长达 9 个月,家庭能源消费中用于取暖的能源占比达 52%,节能房屋是减少取暖用能的有效方式之一,然而笔者调研发现,目前多数农户房屋属于自发式建筑,缺乏相关的节能技术指导,尽管国家"新农村"建设新建了一批房屋,但农户的住宅只关注了造型和外观颜色,却忽视了房屋的节能功能,在海东市乐都区洪水镇洪水坪村,笔者发现了政府统一新建的一批带有保温功能的外墙(图 8-2),其保温功能受到了当地居民的认可,但据当地村干部介绍,由于成本和技术限制,目前无法大范围推广。鉴于此,建议政府和科研院所、企业等合作,开展关于改造住宅外墙的课题项目,增加节能资金投入,集中改造户用住宅外墙,提高房屋保温性,减少用于取暖的能源消费。

图 8-2 政府建造的"保温墙"
(调研照片,图中画圈处)

8.3 推广清洁能源,缓解能源贫困

通过提供更多的清洁能源选择和支持(如太阳能和沼气),鼓励能源消费从以固体能源为主转向以现代能源为主。充分利用青海省清洁能源富集这一优势,实施光伏(热)扶贫工程,降低薪柴等对生态产生破坏的非商品能源

的使用率,并增加清洁能源供给,降低清洁能源使用成本。

8.3.1 扩大太阳能应用方式

截至 2018 年底,我国太阳能热利用集热器面积保有量达到 48 233 万 m^2,年节约标准煤能力已达 7 231 万 t,相当于节电 337 631 MW_{th}(统计局,2018)。在青海,太阳能的采用率高达 40%,但在家庭尺度上,太阳能仅占消费总量的 1.07%。笔者调研发现,农、牧民认为清洁能源更方便、高效、清洁和经济。鉴于此,探索农村可再生能源利用的新模式是实现青海省长期可持续发展的重要选择。研究发现,影响家庭安装太阳能设备的阻碍因素主要包括:一是高昂的初始安装成本(Sidiras & Koukios,2004; Faiers & Neame,2006);二是公众对清洁能源的消极态度(Rundle-Thiele et al.,2008);三是技术未达到预期的成本风险,如缺乏可靠的安装、维护和检查服务,会减少家庭对太阳能设备的认可程度。在太阳能的使用方式上,太阳能热水器和被动式太阳能建筑是两种具有较好节能前景的设备。研究结果显示,面积为 1.6 m^2 的太阳能灶相当于具有 800~1 000 W 的功率(Urpelainen,2016),如果每户每天使用 6 小时太阳能灶,全年使用 280 天,则相当于使用 2 140 kg 薪柴或 2 260 kg 畜粪;在 800 m^2 的草原上,户均每年节省 800 元(Chen et al.,2010)。被动式太阳能建筑旨在通过选择适当的位置、建筑材料和房屋结构,使其能够通过热循环充分利用太阳辐射取暖,同时减少对加热和冷却系统的需求,太阳能建筑技术将室内温度提高至少 8~10℃(Wang et al.,2009)。青海省太阳能资源丰富,且处于高寒地区,其太阳能的发展路径将区别于其他省份,政府可以补贴农、牧民购买太阳能灶、太阳能热水器和设计阳光温室。通过开展光伏扶贫,结合农业开展多种"光伏+"应用,既符合精准扶贫、精准脱贫战略,又符合国家清洁低碳能源发展战略;既有利于扩大光伏发电市场,又有利于促进贫困人口稳收增收。

8.3.2 提高沼气利用技术

在青海省,煤炭对非商品能源消费的替代作用显著低于沼气,这充分说明进一步发展沼气的必要性和意义。发展沼气是促进可再生能源,减少碳排放,获得经济效益的重要模式。近 40 年来,户用沼气的推广和使用已经取得了一定的成效,形成了"一池三改"(沼气池,厨房、厕所和浴室改造)的基本建设模式,根据不同地区的自然和经济条件以及调整农业产业结构的实际需要,农村家庭生活沼气的生态能源开发模式为养猪与沼气、蔬菜种植和阳光温室建筑相结合的典型模式。随着政府和企业投资持续增加,西部地区正在努力开发沼气资源,构建生态农业。沼气产业前景广阔,研究显示,沼气对家庭能源消费的贡献率为18%,但人均有效热量为40%。农村家庭中沼气池替代煤炭等商业能源消费比例为15%。在使用沼气的家庭中,人均能源消费仅为419.56 kg标准煤,比非沼气家庭低16%,沼气的使用可以保护0.314 hm^{2}的林地(Pei-dong et al.,2007)。关于大中型农场的研究表明,先进的厌氧系统使温室气体排放减少了81%~86%,经济效益提高了5%~7%(Gosens et al.,2007),面积为10 m^{2}的沼气池每年将生产约360 m^{3}的沼气,其热量约为180 kg液化石油气,户均年节省1 386元(Ding et al.,2014)。尽管青海省家庭沼气使用历史悠久,但笔者发现多数家庭都因为劳动力需求高、材料短缺、成本高、使用不便等问题而放弃了这项技术。事实上,集约化养殖场可以开发生物燃气产业来管理废物,但目前仍缺乏资金和技术支持。建议青海省在沼气建设规模上,在充分考虑环境气候特点的基础上,逐步推广集中建设大规模沼气装置,尤其对于青海省东部农区,可开展集约化养殖方式,以公司和家庭结合的模式,建设大中型区域沼气生产装置。

8.3.3 倡导清洁能源消费

着力提高公众受教育水平,倡导绿色能源消费观念,提高清洁能源使用比重。除补贴资金有限、产品质量差等因素外,公众缺乏对太阳能、沼气等清洁能源的技术认知是最大障碍。农户缺乏对家庭室内空气污染造成的重大健康风险以及节能炉灶改良在降低该风险中作用的了解,缺乏投资和使用清洁能源及节能炉灶的热情,从而习惯以传统能源和简单炉灶开展炊事活动。为此,建议向公众普及太阳能灶的工作原理及其蕴含的节能效力,增强公众对清洁能源和节能炉灶替换传统炉灶的积极性。通过媒体以及其他渠道普及清洁能源以及清洁炊事,由于受教育程度高的家庭更易实现能源转型,应加大对初中及以上学历的家庭成员的绿色消费宣传力度,开展全民生态课堂,启动低碳生活活动,倡导简约适度、绿色低碳的生活方式,减少无效照明,减少电器设备待机能耗,提倡家庭节约用电。鼓励步行、自行车和公共交通等低碳出行。

9 结论与展望

家庭能源消费已成为能源地理研究的前沿主题和研究热点。家庭部门作为社会经济组成的最基本单元,在减少能耗和应对气候变化方面发挥着越来越重要的作用,使得家庭部门逐渐成为全球和区域能源转型的重要对象。笔者通过开展农区、牧区和农牧交错区的生活能源的入户调查,深化了对家庭能源消费时空分布格局的认知,更好地把握不同自然环境下农、牧户的能源消费特征,不仅有助于正确理解资源环境对农、牧户能源消费方式的影响程度,而且也能为科学制定能源转型的区域策略提供科学支撑。

9.1 研究结论

9.1.1 青海省家庭能源消费特征及能源贫困评估

在能源消费总量上,牧区最高,农区最低,农牧交错区介于农区和牧区之间,三大区域具有典型空间差异特征;居民交通能源支出逐年增加。能源增加量主要体现在用于小轿车和农用车的汽油与柴油消费,及电瓶车使用的电力消费。煤炭是家庭重要商品能源来源之一,总体使用率达86%,太阳能和沼气类的清洁能源使用率较低;生物质能源消费占家庭能源消费总量的41.4%。生物质能源占家庭能源使用的主导地位,其原因是:一是农村生物质能源资源丰富。二是使用成本低,农作物残余物和薪柴主要来自家庭农业生产,农民愿意购买畜粪作为家庭能源。三是尽管农村居民开始意识到直接燃烧生物质能源开展炊事工作会污染室内环境,但他们依然维持着这样的生活方式。虽然收集生物质能源需要时间,但它仍然是家庭能源消费的主要组成部分。然而,近十年来,由于禁牧政策和退耕还林计划的实施,生物质能源的供应正在下降,这可能成为鼓励能源消费向现代商品能源转型的重要驱动力。在非商品能源消费的影响因素方面,主要受能源价格、家庭规模、能源可得性、家庭收入以及受教育水平影响。研究采用了用电力替代固体源消费的方案,结果表明青海超过50%的农村人口为能源贫困人口。

9.1.2 牧区家庭能源消费结构特征

青海省牧区家庭用能中的非商品能源占比71.6%,商品能源消费比重随家庭收入增加而呈现增加趋势,清洁能源消费占比较低。自牧区推行"退牧还草"政策后,出现畜粪能源减少等现象,牧民家庭能源消费结构从以畜粪为主转向多种能源组合。而草原生态保护补助奖励、禁牧补助等政策的落实,不仅弥补了因禁牧而出现的饲草不足问题,还增加了牧民家庭人均收入,提升了支付商品能源的经济能力,增加了煤炭的消费量。成品油的消费占比较高,由于家用小轿车、摩托车以及电瓶车等现代交通工具在牧区的逐步普及,交通用能已经成为家庭能源消费的主要增长点并呈现进一步增长趋势。电力主要被用于照明和家电,畜粪和薪柴被用于炊事和取暖,煤炭补充能源。相较于低收入家庭,高收入家庭的能源消费种类更丰富,消费体量更多。能源的重要性位居前五的分别是电力、畜粪、汽油/柴油、煤炭、薪柴,尽管畜粪数量在减少,但由于其具有宗教功能,因此依然是牧民认知中较为重要能源类型。在能源可得性方面,畜粪为最易获得的能源类型,沼气的获取相对困难。

9.1.3 农区家庭能源消费结构特征

农区家庭用能中的非商品能源占比为49.68%,其中,煤炭和薪柴为主要使用能源,占比31.92%和22.34%。电力和液化气占比较低,分别为4%和2.09%。商品能源消费比重随家庭收入增加而呈现增加趋势。家庭能源消费以煤炭、薪柴和秸秆等传统能源为主。电力主要被用于照明和家电,秸秆、薪柴和畜粪等用于炊事,液化气用于炊事补充用能。相较于低收入家庭,高收入家庭的能源消费种类更丰富,消费体量更多。能源的重要性位居前五的分别是电力、煤炭、天然气、太阳能、汽油。尽管电力是农区家庭认为最重要的能源,但家庭电力使用在能源消费结构中仅占 4%,低于全国平均占比水平(10.7%),且电器品种单一,主要用于满足基本生活需求。能源贫困问题需要进一步重视。能源基础设施落后导致商品能源可得性差,太阳能、沼气等技术经济性差导致清洁能源使用率低。高收入家庭通过转移劳动力,减少了薪柴和秸秆的消费量,降低了家庭能源消费产生的环境效应。在能源可得性方面,电力是农区家庭最容易获取的能源,天然气是最难获取的能源。

9.1.4　农牧交错区家庭能源消费结构特征

青海省农牧交错区非商品能源消费占比 52.89%,商品能源的消费量占比随家庭收入的增多有增加的趋势。家庭用能品种为 5~6 种,以煤炭、畜粪和薪柴为主,电力、柴油和液化气的使用量较小,均不足 5%。人均年生活能源消费量高于甘南及滇西北农牧交错区家庭。电力的使用率最高,主要被用于照明和家电。薪柴、秸秆、畜粪等是炊事主要用能,煤炭、薪柴等是主要的取暖用能。家庭电力使用在能源消费结构中仅占 3.2%,太阳能、沼气等清洁能源因技术条件无法满足日常需求而使用率低。受农业政策和牧业政策的双重影响,家庭能源消费从以畜粪、秸秆等传统生物质能为主的结构,转向以煤炭为主的多种能源组合结构。不同文化背景家庭的环境意识、消费观念等存在差异,从而使其对家庭能源消费的影响产生差别。在能源可得性方面,畜粪是最容易获取的能源,柴油/汽油次之,天然气是最难获取的能源。

9.1.5　家庭能源消费环境效应空间特征

农区、牧区和农牧交错区家庭能源消费产生的人均年温室气体及污染物排放总量为 2 296.32 kg,在人均排放量上,牧区家庭最高,其次为农牧交错区和农区。CO_2 是家庭能源消费产生的主要温室气体,污染物排放量由高到低依次为 $PM_{2.5}$、SO_2 和 NO_x。煤炭、薪柴和畜粪的使用是产生 CO_2 的主要原因,畜粪和煤炭是污染物产生的主要来源。青海省家庭能源消费产生的 $PM_{2.5}$ 和 NO_x 排放量低于西部其他农村地区,SO_2 排放量高于西部其他农村地区，CH_4 排放量低于甘南地区。电力、柴油和液化气因使用量小，产生的空气污染物也较少；从空间格局上看，牧区污染物排放总量最高，农牧交错区次之，农区最低，每一种温室气体和污染物排放量也呈现相同趋势，这主要与人均能耗水平有关。牧区的 $PM_{2.5}$ 排放量远高于其他两区，这主要与畜粪 $PM_{2.5}$ 排放因子较高，且牧区畜粪消费比重较高，畜粪的燃烧是导致牧区室内空气质量较差的主要原因，煤炭的使用是造成农区和农牧交错区温室气体和大气污染物排放的重要原因。

9.1.6 家庭能源消费优化策略

优化炉灶设备、住宅外墙保温以及推广清洁能源等策略，有助于家庭能源向绿色能源转型。应凝聚政府-学者-企业三方智慧，聚拢财政-市场-科研力量，政府不仅仅是管理者，而且还应该作为各部门框架的监管机构，在市场中适当地运用分散的自下而上的绿色技术。应为中低收入家庭提供更多激励和补贴政策，提高清洁能源的供应，确保其不在可持续能源转型中落后。随着经济的快速增长和旅游业近乎指数的增长，青海省的能源消费显著增加，但与中国的全国平均水平相比，仍然处于非常低的水平。作为全国首个"清洁能源示范省"，青海省清洁能源发电量占比达 82.9%，如何实现家庭层面的能源消费向清洁能源转型，是亟须解决的现实问题，未来家庭能源开发应着重于寻找清洁利用生物质能源的新方法，即沼气和秸秆压块，以及发展太阳能、风能和水力发电。应在技术上不断进行研究，并制定未来长期有效的机制，实现青海省在经济促进和环境保护之间的可持续发展，发挥青海省在清洁能源的示范引领作用。

9.2 创新点

（1）构建了基于青海省的青藏高原地区家庭能源消费活动基础数据库。本研究通过开展微观尺度家庭能源消费调研，建立家庭能源消费数据库，在统计体系上弥补了县级及以下城乡能源统计工作的缺失环节，为能源地理过程认知提供数据和分析支撑，并在实证上进一步精细化揭示青藏高原地区区域人类活动特征效应,为补充完善和发展能源地理学这一新兴学科提供实证案例贡献。

(2) 提供了适合青海省能源特点的能源贫困评估方法。基于不同情景设置,确定了青海省的能源贫困线。本研究基于能源份额对家庭收入不敏感的临界点,估算能源支出与家庭收入之间的关系,并确定能源贫困线。同时,考虑到能源转换以及固体能源对环境和健康的负面影响,笔者设定了一种方案,将所有固体能源消费替换为电力。结果显示,青海在基本能源获取方面可能已经过了能源贫困阶段,如何提高现代能源在家庭能源消费中的占比需要更多关注。

(3) 创新开展家庭能源消费的时空分析。通过文献综述分析,空间和经济是影响家庭能源消费的主导因素。在时空分析部分,开展了"农区-农牧交错区-牧区"的空间比较分析,也开展基于"家庭收入分组"的纵向比较分析,分区域开展家庭能源消费结构分析,系统阐明区域家庭能源消费的时空变化规律。

(4) 首次探讨了家庭能源消费中的交通用能消费。传统的家庭能源消费研究主要集中于炊事和取暖等部门。然而,随着农、牧区居民生活水平的改善以及居住环境和社会交际空间的扩展,交通用能已经成为居民家庭能源消费的重要组成部分,所以本研究特别加入交通用能情况,交通能源增加量主要体现在用于小轿车和农用车的柴油与汽油消费,及电瓶车使用的电力消费。受访农户家庭汽油消费量远高于柴油,其中牧区的使用量最高。基于此,计算了家庭交通用能产生的环境效应。

(5) 构建了家庭尺度的能源消费物质流结构图。本研究根据不同家庭收入分组,建立典型家庭的物质流模型,纵向观察能源在原态、加工、消费、废弃这一系列过程中形态、功能、价值的转移和变化,分析能源系统要素之间的时空关系及行为主体关系,进而为能源流动过程中涉及的不同环节高效运转提供依据。所建立的物质流模型主要计算了从能源的生产、购买到家庭各部分消费,最终转化成废气或灰烬排放的整个过程的能源物质流动情况。并分别计算低收入、中等收入和高收入家庭的平均能源消费过程,建立9个家庭能源物质流模型。

9.3 研究不足与展望

异质环境下的区域地理过程和效应是地理学研究的前沿（傅伯杰，2017），不同地理空间尺度下的区域家庭能源结构、时空过程及其驱动机制和效应是当前能源地理研究前沿，也是难点，其重要原因在于集成方法学和学科交叉方法的缺失，这也使得传统视角下的定量研究并不能高精准刻画其关联效应和机理，从而在决策支持上也存在着较大的知识误差。例如，对于同一生态环境类型但不同地区文化交互影响下的地理区域，自然环境和人类活动特征既有空间的同质性又兼具人文的异质性。随着大数据时代多源地理空间数据的急速增长，空间大数据为区域家庭能源消费情况识别提供可能，不仅能够节省调研时间而且使分析结果更加精确。

本研究虽然在家庭尺度能源活动的问卷设计、家庭尺度能源物质流建模、空间格局及环境生态效应等领域进行了创新设计和深度分析，但由于调研区域、个人知识水平等因素的限制，在诸如文化多样性的影响、能源-可持续生计、家庭能源活动与全球气候变化等若干议题上依然存在不足，未来应进一步围绕青藏高原地区开展家庭能源消费地理研究，突出强调人类活动和自然环境时空和组织尺度上的异质性和多样性，创新空间数据分析方法和社会学分析方法，建立不同时空尺度和组织尺度下的典型家庭能源消费分析模型，通过综合性调查和资料管理，形成长期数据积累，为青藏高原地区的生态文明建设提供知识贡献和决策支撑。

附录　调研实图

- 2018年5月12日
- 海北州海晏县甘子河镇

- 2018年5月29日
- 海北州海晏县青海湖乡

- 2018年6月15日
- 海西州都兰县夏日哈镇果米村

- 2018年6月17日
- 海西州都兰县夏日哈镇夏塔拉村

- 2018年7月8日
- 互助县东山乡吉家岭村

- 2018年7月9日
- 互助县东山乡东沟乡年光村

- 2018年7月21日
- 黄南州同仁县扎毛乡

- 2018年7月22日
- 黄南州同仁县加吾乡

附录 调研实图

C: 斗科
- 2018年5月12日
- 海北州海晏县甘子河镇

C: 斗科
- 2018年5月29日
- 海北州海晏县青海湖乡

C: 杨德林
- 2018年7月13日
- 黄南州同仁县黄乃亥乡

C: 姜璐
- 2019年7月14日
- 果洛州玛沁县雪山乡

C: 杨德林
- 2019年7月15日
- 海南州贵德县河东乡仁若阿什贡

C: 斗科
- 2019年7月21日
- 海北州门源县北山乡北山根村

C: 杨德林
- 2019年7月24日
- 循化撒拉族自治县积石镇

C: 杨德林
- 2019年7月26日
- 海北州门源县北山乡北山根村

参 考 文 献

[1] Abu-Madi M, Rayyan M A. Estimation of main greenhouse gases emission from household energy consumption in the West Bank, Palestine[J]. Environmental Pollution, 2013, 179: 250-257.

[2] Abdullahi K L, Delgado-Saborit J M, Harrison R M. Emissions and indoor concentrations of particulate matter and its specific chemical components from cooking: A review[J]. Atmospheric Environment, 2013, 71: 260-294.

[3] Andreae M O, Merlet P. Emission of trace gases and aerosols from biomass burning [J]. Global Biogeochemical Cycles, 2001, 15 (4): 955-966.

[4] Anker-Nilssen P. Household energy use and the environment—a conflicting issue[J]. Applied Energy, 2003, 76(1/2/3): 189-196.

[5] Andadari R K, Mulder P, Rietveld P. Energy poverty reduction by fuel switching. Impact evaluation of the LPG conversion program in Indonesia[J]. Energy Policy, 2014, 66: 436-449.

[6] Anderson K, Song K, Lee S, et al. Energy consumption in households while unoccupied: Evidence from dormitories[J]. Energy and Buildings, 2015, 87: 335-341.

[7] AGEB. Energy stream picture 2017 for Germany. 2017.

[8] Baldwin F D. Meters, bills and the bathroom scale[J]. Public Utilities Fortnightly, 1977, 99: 11-17.

[9] Barnett V. Tugan-Baranovskii's vision of an international socialist economy[J]. European Journal of the History of Economic Thought,

2000, 7(1): 115-135.

[10] Xuemei B, Dawson R J, ürge-Vorsatz Diana, et al. Six research priorities for cities and climate change[J]. Nature, 2018, 555(7694): 23-25.

[11] Barnes D F, Khandker S R, Samad H A. Energy poverty in rural Bangladesh[J]. Energy Policy, 2011, 39(2): 894-904.

[12] Bhattacharjee S, Reichard G. Socio-economic factors affecting individual household energy consumption: A systematic review[C]// ASME 2011 5th International Conference on Energy Sustainability. New York: American Society of Mechanical Engineers, 2011: 891-901.

[13] Benjamin K S, Christopher C, Morgan B, et al. What moves and works: Broadening the consideration of energy poverty [J]. Energy Policy, 2012, 42: 715-719.

[14] Brounen D, Kok N, Quigley J M. Residential energy use and conservation: Economics and demographics[J]. European Economic Review, 2012, 56(5): 931-945.

[15] Blázquez L, Boogen N, Filippini M. Residential electricity demand in Spain: new empirical evidence using aggregate data[J]. Energy Economics, 2013, 36: 648-657.

[16] Belaid F, Garcia T. Understanding the spectrum of residential energy-saving behaviours: French evidence using disaggregated data[J]. Energy Economics, 2016, 57: 204-214.

[17] BP. BP世界能源统计年鉴2017[R]. BP, 2017-07-05. https://www.bp.com/zh_cn/china/home/news/reports/statistical-review-2017.html.

[18] Borozan D. Regional-level household energy consumption determinants: The European perspective [J]. Renewable and Sustainable Energy Reviews, 2018, 90: 347-355.

[19] Cleveland W S. Robust locally weighted regression and smoothing scatterplots[J]. Journal of the American Statistical Association,

1979, 74(368): 829-836.

[20] Claval P. The historical dimension of French geography[J]. Journal of Historical Geography, 1984, 10(3): 229-245.

[21] Costanza R, d'Arge R, De Groot R, et al. The value of the world's ecosystem services and natural capital[J]. Nature, 1997, 387(6630): 253.

[22] Chappells H, Shove E. Debating the future of comfort: environmental sustainability, energy consumption and the indoor environment[J]. Building Research & Information, 2005, 33(1): 32-40.

[23] Chen L, Heerink N, van den Berg M. Energy consumption in rural China: A household model for three villages in Jiangxi Province[J]. Ecological Economics, 2006, 58(2): 407-420.

[24] Chen Y, Yang G, Sweeney S, et al. Household biogas use in rural China: a study of opportunities and constraints[J]. Renewable and Sustainable Energy Reviews, 2010, 14(1): 545-549.

[25] Carlson D R, Matthews H S, Bergés M. One size does not fit all: Averaged data on household electricity is inadequate for residential energy policy and decisions[J]. Energy and Buildings, 2013, 64: 132-144.

[26] Costa D L, Kahn M E. Energy conservation "nudges" and environmentalist ideology: Evidence from a randomized residential electricity field experiment[J]. Journal of the European Economic Association, 2013, 11(3): 680-702.

[27] Casler K, Bickel L, Hackett E. Separate but equal? A comparison of participants and data gathered via Amazon's MTurk, social media, and face-to-face behavioral testing[J]. Computers in Human Behavior, 2013, 29(6): 2156-2160.

[28] Carter N; et al. Coupled human and natural systems approach to wildlife research and conservation[J]. Ecology & Society, 2014, 19(3): 43.

[29] Chen M., Yang X. Situations and challenges of household energy

consumption in Chinese small towns[J]. Energy & Buildings, 2015, 107:155-162.

[30] Chen H, Huang Y, Shen H, et al. Modeling temporal variations in global residential energy consumption and pollutant emissions[J]. Applied Energy, 2016, 184: 820-829.

[31] Chen Q. Biomass Energy Economics and Rural Livelihoods in Sichuan, China[J]. 2017.

[32] Chen X, Lupi F, Liu J. Accounting for ecosystem services in compensating for the costs of effective conservation in protected areas [J]. Biological Conservation, 2017, 215: 233-240.

[33] Chen C, Neng Z, Kun Y, et al. Data and analytics for heating energy consumption of residential buildings: The case of a severe cold climate region of China. Energy and Buildings, 2018, 172: 104-115.

[34] Chang W, Hong-jun G, Lyu-shui Z, et al. China's urban minerals policies: Evolution, problems and countermeasures—A quantitative research[J]. Journal of Cleaner Production, 2018, 197: 114-123.

[35] Démurger S, Fournier M. Poverty and firewood consumption: A case study of rural households in northern China[J]. China Economic Review, 2011, 22(4): 512-523.

[36] De Almeida A, Bertoldi P, Leonhard W. Energy efficiency improvements in electric motors and drives[M]. Berlin, Heidelberg: Springer Science & Business Media, 2012.

[37] Ding W, Niu H, Chen J, et al. Influence of household biogas digester use on household energy consumption in a semi-arid rural region of northwest China[J]. Applied Energy, 2012, 97: 16-23.

[38] Julian Prime, Sabena Khan, Emily Wilkes. Energy consumption in the UK[R]. DECC J. 2014-07-31. https://assets.publishing.service.gov.uk/government/uploads/system/uploads/attachment_data/file/338662/ecuk_chapter_3_domestic_factsheet.pdf

[39] DECC J. Energy consumption in the UK[J]. 2015.

[40] Liz Waters, Victoria Goodright, Emily Wilkes. Energy Consumption in the UK (2015): Domestic energy consumption in the UK between 1970 and 2014[R]. Department of Energy & Climate Change, 2015-07-30. https://www.connaissancedesenergies.org/sites/default/files/pdf-actualites/ecuk_chapter_3_-_domestic_factsheet.pdf

[41] Du G, Lin W, Sun C, et al. Residential electricity consumption after the reform of tiered pricing for household electricity in China[J]. Applied Energy, 2015, 157: 276-283.

[42] Ding Q, Cai W, Wang C, et al. The relationships between household consumption activities and energy consumption in china—An input-output analysis from the lifestyle perspective[J]. Applied Energy, 2017, 207: 520-532.

[43] Dong K, Sun R, Li H, et al. A review of China's energy consumption structure and outlook based on a long-range energy alternatives modeling tool[J]. Petroleum Science, 2017, 14(1): 214-227.

[44] D'Oca S, Hong T, Langevin J. The human dimensions of energy use in buildings: A review[J]. Renewable and Sustainable Energy Reviews, 2018, 81(1): 731-742.

[45] Damette O, Delacote P, Lo G D. Households energy consumption and transition toward cleaner energy sources. Energy Policy 2018, 113: 751-764.

[46] Ding H, Qin C, Shi K. Development through electrification: Evidence from rural China[J]. China Economic Review, 2018, 50: 313-328.

[47] Ezzati1 M, Kammen D M. Household energy, indoor air pollution, and health in developing countries: Knowledge Base for Effective Interventions[J]. Annual Review of Energy and the Environment, 2002, 27: 233-270.

[48] Elliott J. Multimethod approaches in educational research[J]. International Journal of Disability, Development and Education, 2004, 51(2): 135-149.

[49] Ewing R, Rong F. The impact of urban form on US residential energy use[J]. Housing policy debate, 2008, 19(1): 1-30.

[50] John Conti, Paul Holtberg, Jim Diefenderfer, et al. International Enery Outlook 2016[R]. Enery Information Administration, 2016-05. https://www.eia.gov/outlooks/ieo/pdf/0484(2016).pdf.

[51] Katarzyny Walkowskiej. Energy consumption in households in 2018[R]. EU Eurostat, 2020-01-23. https://stat.gov.pl/en/topics/environment-energy/energy/energy-consumption-in-households-in-2018,2,5.html

[52] Fang P, Jiang X, Xi Y. Environmental statistics handbook[M]. Chongqing: Szechwan Science Technique Press, 1995.

[53] Faiers A, Neame C. Consumer attitudes towards domestic solar power systems[J]. Energy Policy, 2006, 34(14): 1797-1806.

[54] Fan Y, Fan Y W. Empirical analysis of rural household energy consumption in China[J]. International Journal of Global Energy Issues, 2007, 27(4): 442-453.

[55] Feng T, Cheng S, Min Q, et al. Productive use of bioenergy for rural household in ecological fragile area, Panam County, Tibet in China: The case of the residential biogas model[J]. Renewable and Sustainable Energy Reviews, 2009, 13(8): 2070-2078.

[56] Fahmy E, Thunmim J, White V. The distribution of UK household CO_2 emissions: Interim report[R]. Joseph Rowntree Foundation, 2011-11-24, https://www.jrf.org.uk/report/distribution-uk-household-co2-emissions.

[57] Flint C G, Kunze I, Muhar A, et al. Exploring empirical typologies of human-nature relationships and linkages to the ecosystem services concept[J]. Landscape and Urban Planning, 2013, 120: 208-217.

[58] Fan J, Zhang Y, Wang B. The impact of urbanization on residential energy consumption in China: An aggregated and disaggregated analysis[J]. Renewable and Sustainable Energy Reviews, 2017, 75:

220-233.

[59] Frontuto V. Forecasting household consumption of fuels: A multiple discrete-continuous approach[J]. Applied Energy, 2019, 240: 205-214.

[60] Garbaccio R F, Ho M S, Jorgenson D W. Why has the energy-output ratio fallen in China?[J] The Energy Journal, 1999: 63-91.

[61] Galesic M, Bosnjak M. Effects of questionnaire length on participation and indicators of response quality in a web survey[J]. Public Opinion Quarterly, 2009, 73(2): 349-360.

[62] Gosens J, Lu Y, He G, et al. Sustainability effects of household-scale biogas in rural China[J]. Energy Policy, 2013, 54: 273-287.

[63] Godoy-Shimizu D, Palmer J, Terry N. What can we learn from the household electricity survey[J]. Buildings, 2014, 4(4): 737-761.

[64] González-Eguino M. Energy poverty: An overview. Renew. Sustain [J]. Energy Rev., 2015, 47: 377-385.

[65] Ghanem D A, Mander S, Gough C. "I think we need to get a better generator": Household resilience to disruption to power supply during storm events[J]. Energy Policy, 2016, 92: 171-180.

[66] Chi-Keung Woo, Debra Lloyd, Asher Tishler. Electricity market reform failures: UK, Norway, Alberta and California[J]. Energy Policy, 31(11):1103-1115.

[67] Geall S, Shen W. Solar energy for poverty alleviation in China: State ambitions, bureaucratic interests, and local realities[J]. Energy Research & Social Science, 2018, 41: 238-248

[68] Hosier R H, Kipondya W. Urban household energy use in Tanzania: prices, substitutes and poverty[J]. Energy Policy, 1993, 21(5): 454-473.

[69] Howarth R W, Billen G, Swaney D, et al. Regional nitrogen budgets and riverine N & P fluxes for the drainages to the North Atlantic Ocean: Natural and human influences[M]//Nitrogen cycling in the

North Atlantic Ocean and its watersheds. Springer, Dordrecht, 1996: 75-139.

[70] Huner N P A, Öquist G, Sarhan F. Energy balance and acclimation to light and cold[J]. Trends in Plant Science, 1998, 3(6): 224-230.

[71] Huang Y, Shen H Z, Chen H, et al. Quantification of global primary emissions of $PM_{2.5}$, PM_{10}, and TSP from combustion and industrial process sources[J]. Environmental Science & Technology, 2014, 48(23):13834-13843.

[72] Hu S, Yan D, Guo S, et al. B. A survey on energy consumption and energy usage behavior of households and residential building in urban China[J]. Energy and Buildings, 2017, 148: 366-378.

[73] Han H, Wu S, Zhang Z. Factors underlying rural household energy transition: A case study of China[J]. Energy Policy, 2018(114): 234-244.

[74] Holguín-Veras J, Leal J A, Seruya B B. Urban freight policymaking: The role of qualitative and quantitative research[J]. Transport Policy, 2017, 56: 75-85.

[75] Harvey D. Justice, nature and the geography of difference[M]. 1996.

[76] IEA (International Energy Agency), 2019. Data and statistics. https://www.iea.org/data-and-statistics/data-browser/? country = WORLD&fuel=Energy%20consumption&indicator=CO2Industry.

[77] Kato N, Akimoto H. Anthropogenic emissions of SO2 and Nox in Asia: emission inventories[J]. Atmospheric Environment, 1992, 26: 2997-3017.

[78] Keirstead, J. Evaluating the applicability of integrated domestic energy consumption frameworks in the UK[J]. Energy Policy, 2006, 34: 3065-3077.

[79] Kelly S. Do homes that are more energy efficient consume less energy: A structural equation model of the English residential sector [J]. Energy, 2011, 36(9): 5610-5620.

[80] Kowsari R, Zerriffi H. Three-dimensional energy profile: A conceptual framework for assessing household energy use[J]. Energy Policy, 2011, 39(12): 7505-7517.

[81] Korb W, Geißler N, Strauß G. Solving challenges in inter-and trans-disciplinary working teams: Lessons from the surgical technology field[J]. Artificial intelligence in medicine, 2015, 63(3): 209-219.

[82] Kammen D, Sunter D. City-integrated renewable energy for urban sustainability[J]. Science, 2016, 352(6288): 922-928.

[83] Karunathilake H, Hewage K, Sadiq R. Opportunities and challenges in energy demand reduction for Canadian residential sector: A review [J]. Renewable and Sustainable Energy Reviews, 2018, 82(3): 2005-2016.

[84] Leach, G. The energy transitions[J]. Energy Policy, 1992, 20(2): 116-123.

[85] Li J, Xing Z, DeLaquil P, et al. Biomass energy in China and its potential[J]. Energy for Sustainable Development, 2001, 5(4): 66-80.

[86] Lenzen M, Wier M, Cohen C, et al. A comparative multivariate analysis of household energy requirements in Australia, Brazil, Denmark, India and Japan[J]. Energy, 2006, 31(2-3): 181-207.

[87] Liu J, Dietz T, Carpenter S R, et al. Complexity of coupled human and natural systems[J]. Science, 2007, 317(5844): 1513-1516.

[88] Liu G, Lucas M, Shen L. Rural household energy consumption and its impacts on eco-environment in Tibet: Taking Taktse county as an example[J]. Renewable and Sustainable Energy Reviews, 2008, 12(7): 1890-1908.

[89] Li G, Niu S, Ma L, et al. Assessment of Environmental and Economic Costs of Rural Household Energy Consumption in Loess Hilly Region, Gansu Province, China[J]. Renew energy, 2009, 6: 1438-1444.

[90] Leith P, O'Toole K, Haward M, et al. Analysis of operating environments: a diagnostic model for linking science, society and policy for sustainability[J]. Environmental Science & Policy, 2014, 39: 162-171.

[91] Liu H, Lei J. The impacts of urbanization on Chinese households' energy consumption: An energy input-output analysis[J]. Journal of Renewable and Sustainable Energy, 2018,10(1):129-134.

[92] Messerli B, Grosjean M, Hofer T, et al. From nature-dominated to human-dominated environmental changes [J]. Quaternary Science Reviews, 2000, 19(1-5): 459-479.

[93] Moisander J. Motivational complexity of green consumerism. International journal of consumer studies, 2007, 31(4): 404-409.

[94] Mundaca L. Markets for energy efficiency: Exploring the implications of an EU-wide 'Tradable White Certificate' scheme[J]. Energy Economics, 2008, 30(6): 3016-3043.

[95] Meyer B D, Mok W K C, Sullivan J X. Household surveys in crisis [J]. Journal of Economic Perspectives, 2015, 29(4): 199-226.

[96] Motawa I. Oladokun, M. A model for the complexity of household energy consumption[J]. Energy and Buildings, 2015, 87: 313-323.

[97] Mukherjee S, Khonsari M M. Brittle rotational faults and the associated shear heating[J]. Marine and Petroleum Geology, 2017, 88: 551-554.

[98] Ma G, Lin J, Li N, et al. Cross-Cultural Assessment of the effectiveness of eco-feedback in building energy conservation [J]. Energy & Buildings, 2017, 134:329-338.

[99] Mashhoodi, B. Spatial dynamics of household energy consumption and local drivers in Randstad, Netherlands[J]. Applied Geography, 2018, 91: 123-130.

[100] Marques J. Creativity and morality in business education: Toward a trans-disciplinary approach [J]. The International Journal of

Management Education, 2019, 17(1): 15-25.

[101] Nakagami H, Murakoshi C, Iwafune Y. International comparison of household energy consumption and its indicator[J]. Proceedings of the 2008 ACEEE Summer Study on Energy Efficiency in Buildings, 2008: 214-224.

[102] 美国国家科学院国家研究理事会. 理解正在变化的星球：地理科学的战略方向[M]. 刘毅, 刘卫东, 等译. 北京: 科学出版社, 2011.

[103] Niu H, He Y, Desideri U, et al. Rural household energy consumption and its implications for eco-environments in NW China: A case study[J]. Renewable Energy, 2014, 65: 137-145.

[104] Niu S, Li Z, Qiu X, et al. Measurement of effective energy consumption in China's rural household sector and policy implication[J]. Energy policy, 2019, 128: 553-564.

[105] Nejat P, Jomehzadeh F, Taheri M M, et al. A global review of energy consumption, CO_2 emissions and policy in the residential sector (with an overview of the top ten CO_2 emitting countries)[J]. Renewable and sustainable energy reviews, 2015, 43: 843-862.

[106] OECD. The Measurement of Scientific and Technological Activities Frascati Manual 2002: Proposed Standard Practice for Surveys on Research and Experimental Development [M]. Cambridge: Cambridge University Press, 2002.

[107] O'Neill B C, Chen B S. Demographic Determinants of Household Energy Use in the United States[J]. Population and Development Review, 2002, 28: 53-88.

[108] Ouyang X, Lin B. An analysis of the driving forces of energy-related carbon dioxide emissions in China's industrial sector[J]. Renewable and Sustainable Energy Reviews, 2015, 45: 838-849.

[109] Perlman R, Warren R L, Hahn A B. Families in the Energy Crisis: Impacts and Implications for Theory and Policy[J]. Social Forces, 1977, 57(3):1020.

[110] Pachauri S. An analysis of cross-sectional variations in total household energy requirements in India using micro survey data[J]. Energy policy, 2004, 32(15): 1723-1735.

[111] Park H C, Heo E. The direct and indirect household energy requirements in the Republic of Korea from 1980 to 2000—An input-output analysis[J]. Energy Policy, 2007, 35(5): 2839-2851.

[112] Pei-dong Z, Guomei J, Gang W. Contribution to emission reduction of CO2 and SO2 by household biogas construction in rural China[J]. Renewable and Sustainable Energy Reviews, 2007, 11(8): 1903-1912.

[113] Papineau M, Aunan K, Berntsen T. Distributional determinants of household air pollution in China[J]. Environment and Development Economics, 2009, 14(5): 621-639.

[114] Pereira M G, Marcos Aurélio Vasconcelos Freitas, Silva N F D. The challenge of energy poverty: Brazilian case study[J]. Energy Policy, 2011, 39(1):167-175.

[115] Ping X, Jiang Z, Li C. Status and future perspectives of energy consumption and its ecological impacts in the Qinghai-Tibet region [J]. Renewable and Sustainable Energy Reviews, 2011, 15(1): 514-523.

[116] Ping X, Li C, Jiang Z. Household energy consumption patterns in agricultural zone, pastoral zone and agro-pastoral transitional zone in eastern part of Qinghai-Tibet Plateau[J]. Biomass and Bioenergy, 2013, 58: 1-9.

[117] UK W. Distribution of carbon emissions in the UK: implications for domestic energy policy[J]. 2013.

[118] Pablo-Romero M P, Pozo-Barajas R, Yñiguez R. Global changes in residential energy consumption [J]. Energy Policy, 2017, 101: 342-352.

[119] Qin Z, Zhuang Q, Cai X, et al. Biomass and biofuels in China:

Toward bioenergy resource potentials and their impacts on the environment[J]. Renewable and Sustainable Energy Reviews, 2018, 82: 2387-2400.

[120] Roberts S. Energy, equity and the future of the fuel poor[J]. Energy Policy, 2008, 36(12): 4471-4474.

[121] Rundle-Thiele S, Paladino A, Apostol Jr S A G. Lessons learned from renewable electricity marketing attempts: A case study[J]. Business Horizons, 2008, 51(3): 181-190.

[122] Reid L, Sutton P, Hunter C. Theorizing the meso level: the household as a crucible of pro-environmental behaviour[J]. Progress in human geography, 2010, 34(3): 309-327.

[123] Raupach M R, Davis S J, Peters G P, et al. Sharing a quota on cumulative carbon emissions[J]. Nature Climate Change, 2014, 4(10): 873-879.

[124] Koen Rademaekers, Jessica Yearwood, Jessica Yearwood, et al. Selecting Indicators to Measure Energy Poverty, Framework Contract ENER/A4/516 – 2014 [R], European Commission, 2016-05-18. https://ec.europa.eu/energy/sites/ener/files/documents/Selecting%20Indicators%20to%20Measure%20Energy%20Poverty.pdf.

[125] Reddy K S, Sharon H. Energy-environment-economic investigations on evacuated active multiple stage series flow solar distillation unit for potable water production[J]. Energy conversion and management, 2017, 151(1): 259-285.

[126] Richerzhagen B. Mechanism Transitions in Publish/Subscribe Systems: Adaptive Event Brokering for Location-based Mobile Social Applications[M]. Berlin: Springer, 2018.

[127] Solow R M. A contribution to the theory of economic growth[J]. The quarterly journal of economics, 1956, 70(1): 65-94.

[128] Streets D C, Waldhoff S T. Biofuel use in Asia and acidifying

emissions[J]. Energy, 1998, 23(12):1029-1042.

[129] Smil V. Phosphorus in the environment: natural flows and human interferences[J]. Annual review of energy and the environment, 2000, 25(1): 53-88.

[130] Sidiras D K, Koukios E G. Solar systems diffusion in local markets[J]. Energy Policy, 2004, 32(18): 2007-2018.

[131] Sailor D J, Vasireddy C. Correcting aggregate energy consumption data to account for variability in local weather[J]. Environmental Modelling & Software, 2006, 21(5): 733-738.

[132] Stern N, Stern N H. The economics of climate change: the Stern review[M]. Cambridge University Press, 2007.

[133] Summerfield A J, Lowe R J, Bruhns H R, et al. Milton Keynes Energy Park revisited: Changes in internal temperatures and energy usage[J]. Energy and Buildings, 2007, 39(7): 783-791.

[134] Swan L G, Ugursal V I. Modeling of end-use energy consumption in the residential sector: A review of modeling techniques[J]. Renewable and Sustainable Energy Reviews, 2009, 13(8): 1819-1835.

[135] Shen G, Yang Y, Wang W, et al. Emission factors of particulate matter and elemental carbon for crop residues and coals burned in typical household stoves in China[J]. Environmental Science & Technology, 2010, 44(18): 7157-7162.

[136] Stevenson F, Leaman A. Evaluating housing performance in relation to human behaviour: new challenges[J]. Building Research & Information, 2010, 38(5):437-441.

[137] Sashank M, Katherine K, Kockelman M. Household energy use and travel: Opportunities for behavioral change[J]. Transport and Environment, 2011, 16(1):49-56.

[138] Sanquist T F, Orr H, Shui B, et al. Lifestyle factors in US residential electricity consumption[J]. Energy Policy, 2012, 42:

354-364.

[139] Sovacool B K. Deploying off-grid technology to eradicate energy poverty[J]. Science, 2012, 338(6103): 47-48.

[140] Santamouris M, Paravantis J A, Founda D, et al. Financial crisis and energy consumption: A household survey in Greece[J]. Energy and Buildings, 2013, 65: 477-487.

[141] Sun C W, Ouyang X L, Cai H B, et al. Household pathway selection of energy consumption during urbanization process in China[J]. Energy Conversion and Management, 2014, 84: 295-304.

[142] Shan M, Wang P S, Li J R, et al. Energy and environment in Chinese rural buildings: Situations, challenges, and intervention strategies[J]. Building and Environment, 2015, 91: 271-282.

[143] Sauvé S, Bernard S, Sloan P. Environmental sciences, sustainable development and circular economy: Alternative concepts for trans-disciplinary research[J]. Environmental Development, 2016, 17: 48-56.

[144] Sale J E M, Thielke S. Qualitative research is a fundamental scientific process[J]. Journal of Clinical Epidemiology, 2018, 102: 129-133.

[145] Sheng C H, Cao Y, Xue B. Residential energy sustainability in China and Germany: The impact of national energy policy system[J]. Sustainability, 2018, 10(12): 4535.

[146] Smith B. Generalizability in qualitative research: Misunderstandings, opportunities and recommendations for the sport and exercise sciences[J]. Qualitative Research in Sport, Exercise and Health, 2018, 10(1): 137-149.

[147] Thompson M, Ellis R, Wildavsk A. Cultural Theory[M]. Oxford: West-view Press, 1990:78-84.

[148] Turn S Q, Jenkins B M, Chow J C. Elemental characterization of particulate matter emitted from biomass burning: wing tunnel

derived source profiles for herbaceous and wood fuels[J]. Journal of Geophysical Research, 1997, 102(3): 3683-3699.

[149] Tourangeau R, Yan T. Sensitive questions in surveys [J]. Psychological Bulletin, 2007, 133(5): 859.

[150] Tester J W, Drake E M, Driscoll M J, et al. Sustainable energy: choosing among options[M]. MIT Press, 2012.

[151] Tang X, Liao H. Energy poverty and solid fuels use in rural China: Analysis based on national population census [J]. Energy for Sustainable Development, 2014, 23:122-129.

[152] The United Nations. Transforming our World: The 2030 Agenda for Sustainable Development, 2015.

[153] Tian X, Geng Y, Dong H, et al. Regional household carbon footprint in China: a case of Liaoning province. Journal of Cleaner Production, 2016, 114: 401-411.

[154] Trotta G. Factors affecting energy-saving behaviours and energy efficiency investments in British households [J]. Energy Policy, 2017, 114: 529-539.

[155] James Berr. Residential Energy Consumption Survey 2015[R]. US Energy Information Administration, 2018-12. https://www.eia.gov/consumption/residential/reports.php.

[156] Urpelainen J. Energy poverty and perceptions of solar power in marginalized communities: Survey evidence from Uttar Pradesh, India[J]. Renewable Energy, 2016, 85: 534-539.

[157] Division For Sustainable Development. Johannesburg Declaration on Sustainable Development[R]. UN-United Nations, 2004-12-15. https://www.un.org/esa/sustdev/documents/WSSD_POI_PD/English/POI_PD.htm.

[158] UNFCCC. The Paris Agreement[R]. UNFCCC, 2015-12-12. https://unfccc.int/process-and-meetings/the-paris-agreement/the-paris-agreement

[159] World Energy Council. TRANSITION TOOLKIT USER GUIDE [R]. World Energy Council, 2019-04-09. https://www.worldenergy.org/assets/downloads/World-Energy-Council-Energy-Transition-Toolkit-User-Guide.pdf

[160] Xiaohua W, Zhenming F. Survey of rural household energy consumption in China[J]. Energy, 1996, 21(7-8): 703-705.

[161] Xiaohua W, Xiaqing D, Yuedong Z. Domestic energy consumption in rural China: A study on Sheyang County of Jiangsu Province[J]. Biomass and Bioenergy, 2002, 22(4): 251-256.

[162] Wang Q, Qiu H N. Situation and outlook of solar energy utilization in Tibet, China[J]. Renewable and Sustainable Energy Reviews, 2009, 13(8): 2181-2186.

[163] Wang S, Wei W, Du L, et al. Characteristics of gaseous pollutants from biofuel-stoves in rural China[J]. Atmospheric Environment, 2009, 43(27): 4148-4154.

[164] Wilkinson P, Smith K R, Davies M, et al. Public health benefits of strategies to reduce greenhouse-gas emissions: household energy[J]. The Lancet, 2009, 374(9705): 1917-1929.

[165] World Health Organization. The world health report 2013: Research for Universal Health Coverage. World Health Organization, 2013-08-15. https://www.who.int/publications/i/item/9789240690837.

[166] Wyatt P. A dwelling-level investigation into the physical and socio-economic drivers of domestic energy consumption in England[J]. Energy Policy, 2013, 60: 540-549.

[167] Wang Q, Liu P, Yuan X, et al. Structural Evolution of Household Energy Consumption: A China Study[J]. Sustainability, 2015, 7: 3919-3932.

[168] Wang K, Wang Y X, Li K, et al. Energy poverty in China: An index based comprehensive evaluation[J]. Renewable and Sustainable Energy Reviews, 2015, 47: 308-323.

[169] World Energy Council. Average Electricity Consumption per Electrified Household. World Energy Council, 2016. https://www.eilateilot.org/database/average-electricity-consumption-per-electrified-household/.

[170] The World Bank. Global Tracking Framework for Sustainable Energy for All in 2017. The World Bank, 2017. https://www.seforall.org/system/files/2019-04/GTF%20Executive%20Summary%202017.pdf.

[171] Wu S, Zheng X, Wei C. Measurement of inequality using household energy consumption data in rural China[J]. Nature Energy, 2017, 2: 795-803.

[172] Wu X D, Guo J L, Ji X, et al. Energy use in world economy fromhousehold-consumption-based perspective[J]. Energy Policy, 2019, 127: 287-298.

[173] The World Bank Data. Sustainable Energy for All[DB]. The World Bank, 2013-11-19. https://databank.worldbank.org/source/sustainable-energy-for-all/preview/on.

[174] Hannah Ritchie, Max Roser. Overview of Global Energy[DB]. Our World in data, 2020. https://ourworldindata.org/energy-overview#citation.

[175] Wu J, He L. Urban-rural gap and poverty traps in China: A prefecture level analysis[J]. Applied Economics, 2018, 50(30): 3300-3314.

[176] Wu S, Zheng X, You C, et al. Household energy consumption in rural China: Historical development, present pattern and policy implication[J]. Journal of Cleaner Production, 2019, 211: 981-991.

[177] Wu S, Zheng X, You C, et al. Household energy consumption in rural China: Historical development, present pattern and policy implication[J]. Journal of Cleaner Production, 2019, 211: 981-991.

[178] Xue B, Chen X, Geng Y, et al. Survey of officials' awareness on

circular economy development in China: based on municipal and county level[J]. Resources Conservation and Recycling, 2010, 54(12):1296-1302.

[179] Xue B, Tobias M. Sustainability in China: Bridging Global Knowledge with Local Action. Sustainability, 2015, 7: 3714-3720.

[180] Yao C, Chen C, Li M. Analysis of rural residential energy consumption and corresponding carbon emissions in China[J]. Energy Policy, 2012, 41: 445-450.

[181] Yang X, Wang T, Xu J. Empirical study on rural households' demand for energy consumption in Western ethical minority areas [J]. Forestry Economics, 2016, 6: 14-22.

[182] Yang X, Xu J, Xu X, et al. Collective forest tenure reform and household energy consumption: A case study in Yunnan Province, China[J]. China Economic Review 2017.

[183] Yang S, Chen B, Wakeel M, et al. PM2.5 footprint of household energy consumption[J]. Applied Energy, 2018, 227: 375-383.

[184] Zhang J, Smith K R, Ma Y, et al. Greenhouse gases and other airborne pollutants from household stoves in China: a database for emission factors[J]. Atmospheric Environment, 2000, 34(26): 4537-4549.

[185] Zhang L, Yang Z, Chen B, et al. Rural energy in China: pattern and policy[J]. Renew Energy, 2009, 34(12): 2813-2823.

[186] Zhao X. Impacts of human activity on environment in the high-cold pasturing area: A case of Gannan pasturing area[J]. Acta Ecologica Sinica, 2010, 30(3): 141-149.

[187] Zhu D, Tao S, Wang R, et al. Temporal and spatial trends of residential energy consumption and air pollutant emissions in China [J]. Applied Energy, 2013, 106: 17-24.

[188] Zhang R, Wei T, Glomsrød S, et al. Bioenergy consumption in rural China: Evidence from a survey in three provinces[J]. Energy Policy,

2014，75：136-145.

[189] Zheng X，Wei C，Qin P，et al. Characteristics of residential energy consumption in China：Findings from a household survey[J]. Energy Policy，2014，75：126-135.

[190] Zhang Z，Zind J A，Li W. Forest transitions in Chinese villages：Explaining community-level variation under the returning farmland to forest program[J]. Land Use Policy，2017，64：245-257.

[191] Zhao X，Zhao H，Jiang L，et al. The influence of farmers' livelihood strategies on household energy consumption in the eastern qinghai-tibet plateau，China[J]. Sustainability，2018，10(6)：1780.

[192] Zhong S，Niu S，Wang Y. Research on potential evaluation and sustainable development of rural biomass energy in gansu province of China[J]. Sustainability，2018，10：3800.

[193] Zhao X，Cheng H，Zhao H，et al. Survey on the households' energy-saving behaviors and influencing factors in the rural loess hilly region of China[J]. Journal of Cleaner Production，2019，230：547-556.

[194] 白生菊.青海省新能源和可再生能源开发利用浅析[J].青海科技，2005,12(5):7-9.

[195] 蔡国田,张雷.西藏农村能源消费及环境影响研究[J].资源开发与市场,2006,22(3):238-244.

[196] 成升魁,沈镭,闵庆文,等.资源科学研究的新视角:自然资源流动过程的研究[J].资源科学,2006,28(2):199-200.

[197] 陈向明.质性研究的新发展及其对社会科学研究的意义[J].教育研究与实验,2008(2):14-18.

[198] 陈菡,於世为.中国生活能源消费的典型污染物排放及驱动因素研究[J].中国人口·资源与环境,2017,27(12):40-51.

[199] 狄向华,聂祚仁,左铁镛.中国火力发电燃料消费的生命周期排放清单[J].中国环境科学,2005(05):632-635.

[200] 董锁成,陶澍,杨旺舟,等.气候变化对我国中西部地区城市群的影响[J].干旱区资源与环境,2011,25(2):72-76.

[201] 董梅,徐璋勇.农村家庭能源消费结构及影响因素分析:以陕西省1303户农村家庭调查为例[J].农林经济管理学报,2018,17(1):45-53.

[202] 方创琳.中国人-地关系的新进展与展望[J].地理学报,2004,10(59):21-32.

[203] 樊杰."人-地关系地域系统"学术思想与经济地理学[J].经济地理,2008,28(2):870-878.

[204] 樊杰.主体功能区战略与优化国土空间开发格局.中国科学院院刊,2013,28(2):193-206.

[205] 樊杰.人-地系统可持续过程、格局的前沿探索[J].地理学报,2014,69(8):1060-1068.

[206] 樊杰.中国主体功能区划方案[J].地理学报,2015,70(2):186-201.

[207] 符国群.中国城镇家庭消费报告2014[M].北京:北京大学出版社,2014.

[208] 傅伯杰.地理学综合研究的途径与方法:格局与过程耦合[J].地理学报,2014,69(8):1052-1059.

[209] 傅伯杰,冷疏影,宋长青.新时期地理学的特征与任务[J].地理科学,2015,35(8):939-945.

[210] 傅伯杰.地理学:从知识,科学到决策[J].地理学报,2017,72(11):1923-1932.

[211] 傅伯杰.面向全球可持续发展的地理学[J].科技导报,2018,36(2):1

[212] 郭芳,赵雪雁,张丽琼,等.甘南高原不同生计方式农户的碳足迹分析[J].生态学报,2015,35(11):3755-3765.

[213] 古杰,周素红,闫小培,等.中国农村居民生活水平的时空变化过程及其影响因素[J].经济地理,2013,33(10):124-131.

[214] 国家统计局.中国统计年鉴[M].北京:中国统计出版社,2018

[215] 黄秉维.论地球系统科学与可持续发展战略科学基础(I)[J].地理学报,1996,63(4):350-354.

[216] 韩鹏,闫慧敏,黄河清,等.基于问卷调查的内蒙古典型草原牧区气候灾害时空格局与应对措施[J].资源科学,2016,38(5):970-981

[217] 胡尧,李勇,李子璇,等.西藏太阳能发电现状及未来发展研究[J].科技

创新导报,2017(21):18-21.

[218] 花菓.中国能源消费增长的总量效应与能源结构效应研究[M].上海:上海人民出版社,2017:89-120.

[219] 解成岩.大气污染对环境和健康的危害[J].黑龙江环境通报,2016,40(03):56-58.

[220] 科学技术部社会发展科技司,中国21世纪议程管理中心.适应气候变化国家战略研究[M].北京:科学出版社,2011.

[221] 陆大道.关于地理学的"人-地系统"理论研究[J].地理研究,2002,21(2):135-145.

[222] 陆玉麒.中国区域空间结构研究的回顾与展望[J].地理科学进展,2002,21(5):468-476.

[223] 陆晨刚,高翔,余琦,等.西藏民居室内空气中多环芳烃及其对人体健康影响[J].复旦学报(自然科学版),2006,45(6):30-34,41.

[224] 刘刚.西藏能源消费格局及其环境效应[D].北京:中国科学院研究生院,2007.

[225] 娄博杰.农户生活能源消费选择行为研究[D].北京:中国农业科学院,2008.

[226] 兰宗敏,冯健.城中村流动人口的时间利用以及生活活动时空间结构:对北京5个城中村的调查[J].地理研究,2010(6):1092-1104.

[227] 李慷,刘春锋,魏一鸣.中国能源贫困问题现状分析[J].中国能源,2011,33(8):31-35.

[228] 李国柱,于歌,卢万合,等.陇中黄土丘陵区农村生活能源消费的村落差异研究[J].资源科学,2012,34(10).

[229] 梁育填,樊杰,孙威,等.西南山区农村生活能源消费结构的影响因素分析:以云南省昭通市为例[J].地理学报,2012,67(2):221-229.

[230] 刘卫东,等.经济地理学思维[M].北京:科学出版社,2013.

[231] 吕拉昌,黄茹.人-地关系认知路线图[J].经济地理,2013,33(8):5-10.

[232] 陆大道."未来地球"框架文件与中国地理科学的发展:从"未来地球"框架文件看黄秉维先生论断的前瞻性[J].地理学报,2014,69(8):1043-1051.

[233] 梁琳琳,卢启程.基于碳夹点分析的中国能源结构优化研究[J].资源科学,2015,37(2):291-298.

[234] 廖华,唐鑫,魏一鸣.能源贫困研究现状与展望[J].中国软科学,2015(8):58-71.

[235] 廖华,伍敬文.家庭生活用能调查方案的国际比较及启示[J].北京理工大学学报(社会科学版),2019,5(21):11-16.

[236] 陆大道,王铮,封志明,等.关于"胡焕庸线能否突破"的学术争鸣[J].地理研究,2016,35(5):805-824.

[237] 李静,刘丽雯.中国家庭消费的能源环境代价[J].中国人口·资源与环境,2017,27(12):31-39.

[238] 李倩楠.新疆农户低碳能源消费行为及影响因素研究[D].石河子市:石河子大学,2017.

[239] 李旭东.贵州省居民生活能源消费特征及影响因素研究[J].贵州师范大学学报(自然科学版),2017,35(4):7-16.

[240] 李宗泰,李华,肖红波,等.北京农村生活能源消费结构及影响因素分析[J].生态经济,2017(33):101-104.

[241] 李小云,杨宇,刘毅.中国人-地关系的历史演变过程及影响机制[J].地理研究,2018,37(08):23-42.

[242] 刘毅.论中国人-地关系演进的新时代特征//"中国人-地关系研究"专辑序言[J].地理研究,2018,37(8):1477-1484.

[243] 马丽,夏建新.内蒙古通辽地区农牧民生活用能现状及驱动力研究.资源科学,2009,31(12):2101-2109.

[244] 马吉明,张楚汉,王保国.光伏水电互补,低碳可再生能源的新途径:以青海为例[J].水力发电学报,2013,32(02):1-4.

[245] 宁亚东,蔡靖雍,丁涛.我国城市住宅能源消费特征研究[J].北京理工大学学报(社会科学版),2013,15(1):26-33.

[246] 牛云翥,牛叔文,张馨,赵春升.家庭能源消费与节能减排的政策选择[J].中国软科学,2013(05):45-55.

[247] 能效经济委员会.中国能效2018[R].中国能效报,2018-05-24.http://www.gmpsp.org.cn/upload/portal/20200529/848c2efddb885ff1838b7

bcc925e11ff.pdf.

[248] 钱易.环境保护与可持续发展[J].中国科学院院刊,2012,27(3):307-313.

[249] 曲建升,张志强,曾静静,等.西北地区居民生活碳排放结构及其影响因素[J].科学通报,2013,58(03):260-266.

[250] 乔家君.区域人-地关系定量研究[J].人文地理,2005(01):81-85.

[251] 青海省水利厅水资源处.青海省水资源公报 2016[R].青海省水利信息网,2017.http://slt.qinghai.gov.cn/articles/detail? id=16306.

[252] 青海省电力公司.青海电网首次实现"绿电 7 日"[J].青海电力,2017,36(02):73.

[253] 环境保护部.关于发布《大气细颗粒物一次源排放清单编制技术指南(试行)》等 4 项技术指南的公告[R].中华人民共和国生态环境部,2014-08-20. https://www.mee.gov.cn/gkml/hbb/bgg/201408/t20140828_288364.htm.

[254] 孙永龙,牛叔文,胡嫄嫄,等.高寒藏区农牧村家庭能源消费特征及影响因素:以甘南高原为例[J].自然资源学报,2015,30(4):569-579.

[255] 孙永龙.甘南藏区城乡家庭能源消费及影响因素研究[D].兰州:兰州大学,2015

[256] 沈磊,叶仙勇.大气污染对城市居民的健康效应影响研究[J].资源节约与环保,2016(03):142,145.

[257] 石祖梁,李想,王飞,等.我国东北地区农村生活能源消费结构与变化趋势分析[J].中国农业资源与区划,2017,38(8):122-127.

[258] 宋长青,程昌秀,史培军.新时代地理复杂性的内涵[J].地理学报,2018,73(7):1204-1213.

[259] 田贺忠,赵丹,王艳.中国生物质燃烧大气污染物排放清单[J].环境科学学报,2011,31(2):349-357.

[260] 陶澍.农村能源转型应从家庭开始[J].能源评论,2018,8:58-61.

[261] 吴传钧.论地理学的研究核心:人-地关系地域系统[J].经济地理,1991,11(3):1-6.

[262] 吴传钧.我们更需要重新发现[J]//重新发现地理学:与科学和社会的

新关联.地理教育,2003(2):74.

[263] 吴燕红,曹斌,高芳,等.滇西北农村生活能源使用现状及生物质能源开发利用研究:以兰坪县和香格里拉县为例[J].自然资源学报,2008,23(5):781-789.

[264] 王腊芳.能源价格变动对城乡居民能源消费的影响[J].湖南大学学报(社会科学版),2010,24(5):57-62.

[265] 王孝发,容旭翔.青海省退牧还草工程与思考[J].青海草业,2012,21(2):32-36.

[266] 王晓晶,陈星莺,陈楷,等.智能配电网清洁性评估指标研究[J].中国电机工程学报,2013,33(31):43-50.

[267] 吴文恒,乌亚娇,李同昇.农村生活用能的区域分异:以关中临渭区为例[J].自然资源学报,2013,28(9):1594-1604.

[268] 吴霜,延晓冬,张丽娟.中国森林生态系统能值与服务功能价值的关系[J].地理学报,2014,69(3):334-342.

[269] 魏巍贤,马喜立.能源结构调整与雾霾治理的最优政策选择[J].中国人口·资源与环境,2015,25(7):6-14.

[270] 吴彦潮,赵翠薇.贵州省低碳经济发展动态评价研究[J].贵州师范大学学报(自然科学版),2016,34(2):19-26.

[271] 魏楚,王丹,吴宛忆,等.中国农村居民煤炭消费及影响因素研究[J].中国人口·资源与环境,2017,27(9):178-185.

[272] 吴玲,肖盼.江苏省家庭能源消费及影响因素调查研究[J].南京工程学院学报(社会科学版),2018,18(3):51-54.

[273] 辛毅,李冰峰,吴燕红.滇西北农牧交错区农村生活能源消耗驱动力研究[J].中国沼气,2014,32(6):53-58.

[274] 徐增让,成升魁,高利伟,等.藏北牧区畜粪燃烧与养分流失的生态效应研究[J].资源科学,2015,37(1):94-101.

[275] 薛芳芳,孔锐,仲婉星.青海省能源自给率水平与碳排放研究[J].资源与产业,2016,18(3):73-79.

[276] 徐增让,张镱锂,成升魁,等.青藏高原区域可持续发展战略思路思考[J].科技导报.,2017,35(6):108-114.

[277] 薛冰.空气污染物与温室气体的协同防控[J].改革,2017(8):78-80.

[278] 闫丽珍,闵庆文,成升魁.中国农村生活能源利用与生物质能开发[J].资源科学,2005,27(1):8-13.

[279] 虞江萍,崔萍,王五一.我国农村生活能源中 SO_2、NO_x 及 TSP 的排放量估算[J].地理研究,2008,27(3):547-555.

[280] 姚建平.论家庭能源消费行为研究[J].能源研究与利用,2009,25(4):7-12.

[281] 于伟.消费者绿色消费行为形成机理分析:基于群体压力和环境认知的视角[J].消费经济,2009(4):75-77.

[282] 杨玉含,刘峰贵,陈琼,等.2000—2008年青海省居民生活能源消费与碳排放分析[J].中国人口(资源与环境),2011:307-310.

[283] 杨小军,王轶博,徐晋涛.少数民族地区农村家庭生活能源消费需求研究:以甘肃省、云南省为例[J].林业经济,2016,38(6):14-21.

[284] 闫珍奇,叶维超,陈剑,等浙江省农村能源结构及主要污染物排放量估算[J].农业工程,2017,7(4):60-64.

[285] 姚檀栋,陈发虎,崔鹏等.从青藏高原到第三极和泛第三极[J].中国科学院院刊,2017,32(9):924-931.

[286] 郑度.关于地理学的区域性和地域分异研究[J].地理研究,1998,17(1):4-9.

[287] 郑度,姚檀栋."青藏高原形成演化及其环境资源效应"研究进展[J].中国基础科学,2004,6(2):15-21.

[288] 赵学勇,李玉霖.农牧交错带沙漠化生态系统评估的案例研究[J]..资源科学,2006,28(4):9.

[289] 张忠孝.青海地理(第2版)[M].西宁:青海人民出版社,2009.

[290] 周曙东,崔奇峰,王翠翠.江苏和吉林农村家庭能源消费差异及影响因素分析[J].生态与农村环境学报,2009,25(3):30-34.

[291] 周曙东,崔奇峰,王翠翠.农牧区农村家庭能源消费数量结构及影响因素分析:以内蒙古为例[J].资源科学,2009,31(4):696-702.

[292] 赵成章,王小鹏,周伟,等.退牧还草区农牧民家庭收入结构转型效益[J].经济地理,2011,31(3):470-475.

[293] 张馨.城乡居民家庭能源消费及其生存现状的多维视角分析[D].兰州:兰州大学,2012.

[294] 张敏,熊帼.基于日常生活的消费空间生产:一个消费空间的文化研究框架[J].人文地理,2013,28(2):38-44.

[295] 赵雪雁,毛笑文.汉、藏、回族地区农户的环境影响:以甘肃省张掖市、甘南藏族自治州、临夏回族自治州为例[J].生态学报,2013,33(17):5397-5406.

[296] 周颖,徐兴祥,闵凌峰.大气污染对心血管疾病的影响研究进展[J].实用医学杂志,2014,30(3):337-339.

[297] 张彩庆,郑金成,臧鹏飞,等.京津冀农村生活能源消费结构及影响因素研究[J].中国农学通报,2015,31(19):258-262.

[298] 赵雪雁,赵海莉,刘春芳.石羊河下游农户的生计风险及应对策略:以民勤绿洲区为例[J].地理研究,2015,34(5):922-932.

[299] 赵雪雁.生计方式对农户生活能源消费模式的影响:以甘南高原为例[J].生态学报,2015,35(5):1610-1619.

[300] 郑佳佳,孙星,张牧吟,等.温室气体减排与大气污染控制的协同效应:国内外研究综述[J].生态经济,2015,31(11):133-137.

[301] 湛东升,张文忠,余建辉,等.问卷调查方法在中国人文地理学研究的应用[J].地理学报,2016,71(6):899-913.

[302] 郑新业,魏楚,虞义华,等.中国家庭能源消费研究报告:2016[M].北京:中国科学出版社,2017.

[303] 张敬飒,吴文恒,朱虹颖,等.不同生计方式农户生活能源消费行为及其影响因素[J].水土保持通报,2016,36(6):265-271.

[304] 中国石油经济技术研究院.2050年世界与中国能源展望(2017)[R].中国石油经济技术研究,2017-08-16.https://max.book118.com/html/2018/1023/6110120013001224.shtm